Un GRAND Week-end

NORMANDIE

La Seine et le littoral

Falaises d'Étretat

NORMANDIE

Le long des boucles de la Seine et d'un littoral splendide qui s'étire sur 550 km, la Normandie collectionne les merveilles. À vous les petits ports de carte postale, le charme désuet des villas balnéaires et des vieux palaces, les musées remplis de chefs-d'œuvre impressionnistes, les vestiges poignants de la Seconde Guerre mondiale, les abbayes éternelles et les jardins tombés du paradis ! La Normandie, c'est aussi des kilomètres de sentiers et des spots sublimes pour les sports de plein air, des plages de sable fin ou de galets taillées pour le plaisir du farniente ou de la pêche à pied et, bien sûr, une infinité de trésors gastronomiques pour se régaler. La promesse d'un week-end palpitant et bien rempli à seulement 2h de la capitale !

Villers-sur-Mer

Notre auteure, Hélène Duparc, est journaliste voyage/art de vivre et auteure de nombreux guides. Si elle parcourt le monde, elle a été particulièrement heureuse de sillonner la Normandie, des méandres de la Seine à la splendide baie du Mont-Saint-Michel. Elle vous livre une sélection d'adresses qui ont en commun le goût des bonnes et belles choses.

Notre auteure, Natasha Penot, arpente les rues des plus grandes villes pour la collection Un Grand Week-End depuis plus de dix ans. De son périple le long du littoral normand, de la Côte d'Albâtre aux plages du Débarquement, elle nous livre ses meilleurs conseils, ses coups de cœur et bonnes adresses.

Notre photographe, Éric Bénard, vit en Normandie. Entre deux voyages en Asie, il n'a de cesse d'arpenter sa région, toujours à l'affût des belles lumières. Grâce aux adresses et aux lieux sélectionnés pour ce guide, il a encore découvert des richesses insoupçonnées, des endroits insolites et attachants.

Un Grand Week-end sur les réseaux sociaux

Suivez-nous sur *Facebook*, *Twitter* et *Instagram* **@Ungrandweekend**

Vous y trouverez nos photos coups de cœur, nos expériences uniques et surtout une réponse personnalisée à toutes vos questions.

Et si vous y contribuiez ? Nous aimons beaucoup voir nos guides en voyage : postez une photo de votre guide en situation et taguez-nous, nous partagerons les plus belles photos et récompenserons régulièrement les plus appréciées.

Les incontournables DE LA NORMANDIE

GIVERNY

Depuis que Claude Monet s'y est installé et y a peint *Les Nymphéas*, la petite cité est devenue la capitale de l'impressionnisme, sans perdre son charme bucolique. Entre les jardins de la Fondation Claude Monet, les ruelles fleuries et les rives de la Seine voisine, cette promenade artistique sort décidément des musées ! Voir p. 23.

CATHÉDRALE DE ROUEN

Connue dans le monde entier à travers la série de Claude Monet, la cathédrale de Rouen est un joyau de l'art gothique. La flèche qui la coiffe, ajoutée en 1876, en fit quelque temps le plus haut monument au monde ! Voir p. 31.

L'ABBAYE SAINT-PIERRE DE JUMIÈGES

Les vestiges d'un des plus importants et anciens monastères bénédictins de Normandie se dressent au-dessus d'un magnifique parc en vallée de Seine. Victor Hugo ne se trompait pas en les qualifiant de « plus belle ruine de France ». Voir p. 46.

LE HAVRE

Un mix d'ambiances portuaire et balnéaire, un centre-ville monumental, classé au patrimoine mondial de l'humanité par l'Unesco, et des musées palpitants : Le Havre, berceau de l'impressionnisme et ville follement graphique, est unique en son genre. Voir p. 70.

LES FALAISES D'ÉTRETAT

Impossible de passer à côté de la merveille naturelle de la Côte d'Albâtre. La splendide muraille crayeuse et sa fameuse aiguille sculptées par l'érosion marine offrent, de l'aube au crépuscule, un spectacle inoubliable. Voir p. 77.

HONFLEUR

Il suffit de flâner sur les quais du Vieux-Bassin et dans les petites ruelles pavées pour tomber instantanément sous le charme de l'envoûtant petit port, avec ses maisons en ardoise et son église en bois. Voir p. 82.

LES STATIONS DE LA CÔTE FLEURIE

Trouville la familiale, Deauville la mondaine, Houlgate la coquette, Cabourg la romantique... Les stations de la Côte Fleurie, enveloppées d'un doux parfum de nostalgie, offrent un concentré d'architecture et de plaisirs balnéaires. Voir p. 90, 98.

LES PLAGES DU DÉBARQUEMENT

Revivre l'été 1944 sur les plages de la Côte de Nacre, mondialement connues pour avoir été le théâtre de la libération de l'Europe par les Alliés, entre musées, cimetières et mémoriaux. Aussi passionnant que poignant. Voir p. 144.

LA TAPISSERIE DE BAYEUX

Gigantesque bande dessinée de 70 m de long ayant pour héros Guillaume le Conquérant, la plus célèbre des tapisseries médiévales est un joyau brodé vieux de presque mille ans, inscrit à l'Unesco. Voir p. 154.

LES ÎLES CHAUSEY

Cette constellation d'îlots et de récifs est soumise au plus haut marnage d'Europe. Avec sa poignée de maisons en granit, son unique hôtel et ses deux restaurants, la Grande Île reste une escale en retrait du monde. Pour voir la vie en bleu translucide. Voir p. 199.

LE MONT-SAINT-MICHEL

Inscrit au patrimoine mondial par l'Unesco, le Mont-Saint-Michel surgit tel un mirage médiéval au cœur de l'immense baie. Le site témoigne du génie de l'homme tandis que, deux fois par jour, la marée rappelle la puissance de la nature. Voir p. 180.

10 expériences UNIQUES

GLISSER SUR LE SABLE À 100 KM/H

Il n'y a pas que l'eau ou la neige qui se prêtent aux sports de glisse ! Le sable bien tassé des grandes plages normandes à marée basse est idéal pour battre des records de vitesse en char à voile... à condition, bien sûr, que la grève soit déserte. Voir p. 109, 161, 163, 206.

BOUQUINER DANS UN VOLCAN

La bibliothèque Oscar-Niemeyer est l'un des lieux les plus palpitants du Havre avec ses galets pour bouquiner et ses fauteuils Sonic Chair pour écouter de la musique. Pas besoin d'être havrais pour y emprunter des livres gratuitement ! Voir p. 72.

PRENDRE UN BAIN FUTURISTE

Jeux de volume, lumières tamisées et cadre d'une « coolitude absolue » : les Bains des Docks au Havre sont les thermes romains du XXIe s. ! Voir p. 106.

GRIMPER DANS UN FUNICULAIRE CENTENAIRE

Au Tréport, le seul ascenseur de la Côte d'Albâtre vous propulse en haut des falaises après avoir traversé la roche. Panorama grandiose à l'arrivée et, en plus, c'est gratuit ! Voir p. 81.

JOUER AU PALÉONTOLOGUE

Ouvrez l'œil ! Les falaises des Vaches Noires, à Villers-sur-Mer, où des restes de dinosaures ont été découverts, regorgent de fossiles que l'on est autorisé à ramasser à marée basse : ammonites, dents de reptiles marins... Voir p. 100.

PARTIR POUR UN VOYAGE À COUPER LE SOUFFLE

Foncez au Panorama XXL découvrir les fresques géantes à 360° de Yadegar Asisi. Dessins, peintures et photographies permettent de vivre une incroyable expérience immersive, au cœur de *l'Amazonie* ou des vestiges du *Titanic* ! Voir p. 38.

VIVRE COMME UN VIKING

À Ornavik, village normand construit de toutes pièces par des bénévoles, forgeron, fileuse de laine et charpentier en costumes d'époque réitèrent les gestes de leurs ancêtres les Vikings. Voir p. 143.

MARCHER DANS LA BAIE DU MONT-SAINT-MICHEL AU CRÉPUSCULE

Découvrez le spectacle envoûtant des grèves irisées s'enflammant sous les rais d'un soleil déclinant tandis qu'à l'horizon, la silhouette pyramidale du Mont-Saint-Michel s'assombrit et s'inscrit en ombre chinoise délicate contre le ciel. Magique ! Voir p. 206.

HISSER LES VOILES

Devenez matelot d'un jour à bord de *La Grandvillaise*, une bisquine dont la voilure permet de filer plus ou moins doux vers les îles Chausey. Juste quelques bords à tirer mais une sensation rare de faire corps avec les éléments. Voir p. 207.

BRÛLER LE ROI

Chaque année depuis près de 150 ans, la figure du roi Carnaval est brûlée sur le port de Granville après quatre jours de festivités (cavalcade de chars, fanfares, bals, batailles de confettis...). Une tradition aujourd'hui inscrite au patrimoine immatériel de l'humanité. Voir p. 198.

Un grand week-end SUR MESURE

Première fois en Normandie ?

Vous ne savez pas quelle région choisir pour votre premier week-end en Normandie ? Voici quatre idées de week-end autour des principales villes d'accès ou sites d'intérêt, en alternant découvertes culturelles, promenades au grand air, baignades et shopping. Une voiture sera indispensable pour vous déplacer efficacement.

La région de Rouen

Blottie dans les méandres de la Seine, la région entre Giverny et le Parc naturel régional des Boucles de la Seine est très dense en patrimoine et en sites naturels remarquables. On pourra donc panacher son week-end de visites et d'excursions plus champêtres !

Rouen

PREMIER JOUR

➥ Une journée pour découvrir **Rouen** au cœur historique miraculeusement bien préservé. Flânez dans le quartier autour de la cathédrale. Ne manquez pas le **Gros-Horloge**, le **palais de justice**. Prévoyez une visite au **musée des Beaux-Arts**. N'oubliez pas de déjeuner, les bonnes tables sont légion.

DEUXIÈME JOUR

➥ Faites un tour au **marché Saint-Marc** ou au **Vieux-Marché**, selon le jour, juste pour l'ambiance et un café matinal. Longez ensuite **la Seine** en voiture et traversez-la sur le bac de Sahurs pour rejoindre **La Bouille**, pittoresque bourg qui inspira les impressionnistes. Après un déjeuner dans une auberge, reprenez la route jusqu'à **Jumièges**. Passez l'après-midi entre le parc et les vestiges. Sur le chemin du retour à Rouen,

Le port de Dieppe

passez par **Saint-Martin de Boscherville**, où se trouve une autre très belle abbaye romane.

TROISIÈME JOUR

➥ Choisissez, parmi tous les musées rouennais, celui de vos envies. Puis, allez déjeuner sur **les quais**. Vous serez alors prêt pour la sortie de l'après-midi, une croisière autour du grand **port maritime de Rouen**. Sinon, si vous retournez vers Paris, un pèlerinage impressionniste à **Giverny** s'impose absolument.

DÉJÀ VENU ?

➥ Faites un tour dans les petits musées improbables comme le **musée Août 1944** à Duclair. En cas de pluie, visitez la **Corderie de Vallois** ou la **Fabrique des Savoirs** à Elbeuf.

La région du Havre

Entre bols d'air et bains de mer, découvrez les paysages spectaculaires de falaises et de galets de la Côte d'Albâtre, avant de goûter à la douceur de la Côte Fleurie, paradis de la villégiature depuis le XIXe s.

PREMIER JOUR

➥ Plongez dans la grande histoire maritime de **Dieppe** avant d'aller flâner dans les superbes jardins de **Varengeville-sur-Mer**. Rejoignez ensuite le Cap Fagnet, point culminant de la Côte d'Albâtre, d'où l'on domine **Fécamp**, votre dernier port d'attache pour la journée, entre plage de galets, musée des Pêcheries, spectacle de la débarque et restaurants de poissons.

DEUXIÈME JOUR

➥ Pour commencer la journée, l'émerveillement sera à son comble devant les célèbres **falaises d'Étretat**. Poursuivez ensuite jusqu'au **Havre**, où vous attend une vraie leçon d'architecture dans le **centre-ville** classé par l'Unesco : pénétrez dans l'**église Saint-Joseph**, contemplez des toiles de Monet au **MuMa** puis baladez-vous le long du **front de mer**, entre port et plage. Grimpez sur les hauteurs vers **Sainte-Adresse** pour le panorama.

TROISIÈME JOUR

➥ Traversez le **pont de Normandie** pour rejoindre Honfleur, peut-être le plus beau port de la côte normande. Arpentez ses ruelles et visitez le **musée Eugène-Boudin** ou les **Maisons Satie**. Longez la côte jusqu'à **Trouville et Deauville**. Au menu : des villas Belle Époque, des bains de mer et l'invariable parade sur les planches ! Finissez en beauté par un coucher de soleil sur la promenade Marcel Proust à **Cabourg** ou à **Houlgate**.

DÉJÀ VENU ?

➥ Goûtez à l'ambiance portuaire du **Tréport**, découvrez le riche patrimoine d'**Eu** ou mesurez-vous aux falaises de **Saint-Valery-en-Caux**.

Kitesurf à Houlgate

La région de Caen

Véritable musée à ciel ouvert, cette portion du littoral dévoile des espaces naturels remarquables marqués par les événements de l'été 1944.

PREMIER JOUR

➥ **Caen** vous accaparera une bonne journée avec son **château**, ses deux **abbayes**, son **Mémorial Caen-Normandie** et son quartier animé du **Vaugueux** où vous pourrez dîner.

DEUXIÈME JOUR

➥ Direction **Ouistreham**, en passant par le célèbre **Pegasus Bridge** : lézardez sur la plus belle plage de la Côte de Nacre, avec option virée en kayak ou pique-nique à la pointe du Siège. Longez ensuite le littoral jusqu'au port artificiel d'**Arromanches** en passant par les grandes **plages** de sable de **Sword Beach**, **Juno Beach** et **Gold Beach** où vous attendent de nombreux **musées** liés au Débarquement.

TROISIÈME JOUR

➥ Goûtez de bon matin à l'ambiance paisible de **Port-en-Bessin**, port spécialisé dans la coquille Saint-Jacques, avant d'entamer l'émouvant pèlerinage de mémoire à **Omaha Beach** et **au cimetière américain de Colleville.** Poussez jusqu'à **Utah Beach** ou filez directement à **Bayeux** admirer de près la célèbre tapisserie.

DÉJÀ VENU ?

➥ Découvrez le quotidien d'un camp viking à **Ornavik**, débusquez les plus belles villas d'**Hermanville** et de **Lion-sur-Mer**, frissonnez devant **la batterie de Longues-sur-Mer**, ou explorez le **cimetière militaire allemand de La Cambe**.

La région du Mont-Saint-Michel

Classé au patrimoine mondial de l'humanité, l'éblouissant mont Saint-Michel est l'un des plus célèbres monuments du monde ! Mais n'oubliez pas aussi de faire un tour dans la baie et sur le littoral qui remonte jusqu'à Granville. Ils offrent de sublimes points de vue, de plaisantes promenades et de grandes plages où se baigner.

PREMIER JOUR

➥ Après avoir pris le temps de l'admirer depuis le **barrage du Couesnon,** grimpez directement à la **Merveille** de l'abbaye, qui trône au sommet du rocher. Redescendez en empruntant le **chemin de ronde** au-dessus des remparts pour embrasser la vue sur la baie. Le reste de la journée, participez à une visite guidée du site avec un guide homologué.

DEUXIÈME JOUR

➥ Si la saison s'y prête, partez en randonnée sur le **sentier des douaniers** du côté de Carolles, avec pique-nique en haut des falaises. Continuez ensuite vers le nord jusqu'aux grandes **plages de Jullouville**, où vous pourrez vous baigner en été. Rejoignez enfin **Granville** pour flâner dans la Haute Ville fortifiée avant de dîner dans un de ses restaurants.

TROISIÈME JOUR

➥ Place à une escapade en bateau dans l'**archipel de Chausey** ! Pendant la traversée (1 h environ), vous surprendrez peut-être quelques dauphins. Vous aurez à terre tout le temps d'explorer la **Grande Île**, ses plages de sable, sa lande, son ancien fort, son phare... Et de déjeuner dans un de ses deux bons restaurants.

DÉJÀ VENU ?

➥ Partez du **bec d'Andaine** pour suivre le chemin qu'empruntaient les pèlerins au Moyen Âge. Vous pouvez aussi consacrer une journée à la découverte de **Coutances**, la jolie capitale historique du Cotentin.

Fêtes & FESTIVALS

Janvier

Bains du 1er janvier
Étretat, Dieppe, Fécamp et Deauville réunissent les plus courageux pour le premier bain de mer de l'année.

Février

Carnaval de Granville
De la grande cavalcade illuminée au Bal à Papa, jusqu'au bûcher final pour le roi, la ville fait une sacrée bringue.
www.carnaval-de-granville.fr

Avril

Festival de Pâques de Deauville
Tout le répertoire de la musique de chambre est interprété par de jeunes instrumentistes.
www.musiqueadeauville.com

Festival Plein Vent
Pendant un week-end, des cerfs-volants géants s'emparent de la plage d'Houlgate.
www.houlgatepleinvent.fr

Mai

Dixie Days
Le week-end de la Pentecôte, ce festival de jazz fait swinguer le littoral du Havre et de Sainte-Adresse.

D-Day Festival Normandy
De fin mai à début juin, défilés, reconstitutions, bals et feux d'artifice célèbrent l'anniversaire du D-Day sur les plages du Débarquement.
www.ddayfestival.com

Juin

Cathédrale de Lumière
De juin à septembre, la façade de la cathédrale de Rouen s'illumine et devient le théâtre grandiose des combats vikings et des exploits de Guillaume le Conquérant.
www.rouentourisme.com/cathedrale-de-lumiere

Festival Cabourg, Mon Amour
Pendant trois jours, la plage de Cabourg vibre au rythme des sons pop et électro.
www.cabourgmonamour.fr

Un Été au Havre
Pendant trois mois, des artistes investissent le cœur de la ville avec des installations monumentales et des expositions.
www.uneteauhavre.fr

Fête des Marins
Depuis 1861, le dimanche de la Pentecôte, Honfleur rend hommage aux marins disparus et bénit les navires décorés de roses.

Festival du Film de Cabourg
Les grands succès romantiques de l'année sont projetés sur grand écran sur la plage.
www.festival-cabourg.com

Juillet

Festival Beauregard
Le 1er week-end de juillet, le parc du château de Beauregard à Hérouville-Saint-Clair accueille l'un des plus grands rassemblements pop-rock-chanson de Normandie.
www.festivalbeauregard.com

Rencontres européennes de la Paix
La 2e quinzaine de juillet, ce festival de musique classique de la Côte de Nacre réunit 160 musiciens de toute l'Europe.
www.musiquecotedenacre.com

Jazz en Baie
Entre fin juillet et début août, Jazz en Baie fait résonner le blues, le funk, la soul,

la pop dans la baie du Mont-Saint-Michel.
www.jazzenbaie.com

Festival moZ'aïque
Les Jardins Suspendus du Havre invitent toutes les musiques du monde.
https://mozaique.lehavre.fr

Médiévales de Bayeux
Le 1er week-end de juillet, Bayeux accueille une grande fête médiévale.
http://lesmedievales.bayeux.fr

Août

Fête de la Mer
Sur la Côte d'Albâtre, l'été est rythmé par les fêtes de la mer : processions, bénédiction des bateaux en mer, chants marins, sorties en mer, dégustations...

Festival des Nouveaux Talents & Invités
Le festival de musique classique de Villers-sur-Mer réunit des musiciens de grande renommée.

Août Musical
La version estivale du festival de Pâques de Deauville.
www.musiqueadeauville.com

Septembre

Fête des Normands
Le dernier week-end de septembre donne lieu à des festivités dans toute la région pour la Saint-Michel.
https://fetedesnormands.com

Estuaire d'En Rire
Les greniers à sel de Honfleur accueillent ce festival d'humour pendant 4 jours.
www.estuairedenrire.com

Festival du Cinéma Américain
Depuis plus de 40 ans, les plus grandes stars américaines se donnent rendez-vous sur les planches de Deauville.
www.festival-deauville.com

Festival Off-Courts de Trouville
Ce festival dédié au court-métrage fait le zoom sur la création franco-québécoise.
www.offcourts.com

Festival International de Cerf-Volant de Dieppe
Tous les deux ans, le ciel de Dieppe s'anime d'un ballet aérien de cerfs-volants venus des quatre coins du monde.
www.dieppe-cerf-volant.org

Octobre

Foire Saint-Romain
Pendant un mois, à Rouen, la foire avec ses attractions tout public est la seconde plus grande fête foraine de France.

Journées Musicales Marcel Proust
Concerts, lectures, conférences animent cette biennale en hommage à l'écrivain qui séjourna à Cabourg.
www.amisdevinteuil.fr

Novembre

Fêtes du Hareng
La Côte d'Albâtre, du Tréport à Étretat, en passant par Dieppe (le must !) et Fécamp, célèbre le « poisson roi ».

Le Goût du Large
Pendant un week-end, Port-en-Bessin fête la coquille Saint-Jacques : dégustation, vente à la criée, vieux gréements, festival de chants marins...

Décembre

Marché de Noël à Rouen
Marché de Noël du côté de la cathédrale, tandis que place du Vieux-Marché, une grande roue, une patinoire et un sapin créent une atmosphère nordique.
www.marchedenoelrouen.com

La région
DE ROUEN

Capitale de la Normandie, Rouen a si bien conservé ses quartiers anciens, ses ruelles pavées, ses maisons à pans de bois et églises gothiques, que le visiteur aura parfois l'impression de replonger dans le Moyen Âge. Autre facette de son identité, l'intense activité portuaire s'effectue aujourd'hui un peu à l'écart du centre-ville, où un vaste programme de reconquête des quais est en cours. Aux portes de la cité, les belles forêts du Parc naturel des Boucles de la Seine forment un paysage ouvert et bucolique. En amont, les falaises du plateau du Vexin, les nombreuses îles et bras, créent une atmosphère intime. Une halte à Giverny, pays de Monet, s'impose ! En aval, vous pourrez poursuivre cette promenade sur les traces des maîtres impressionnistes jusqu'à Sahurs et La Bouille, ou emboîter le pas à Victor Hugo, ébloui par les ruines de Jumièges.

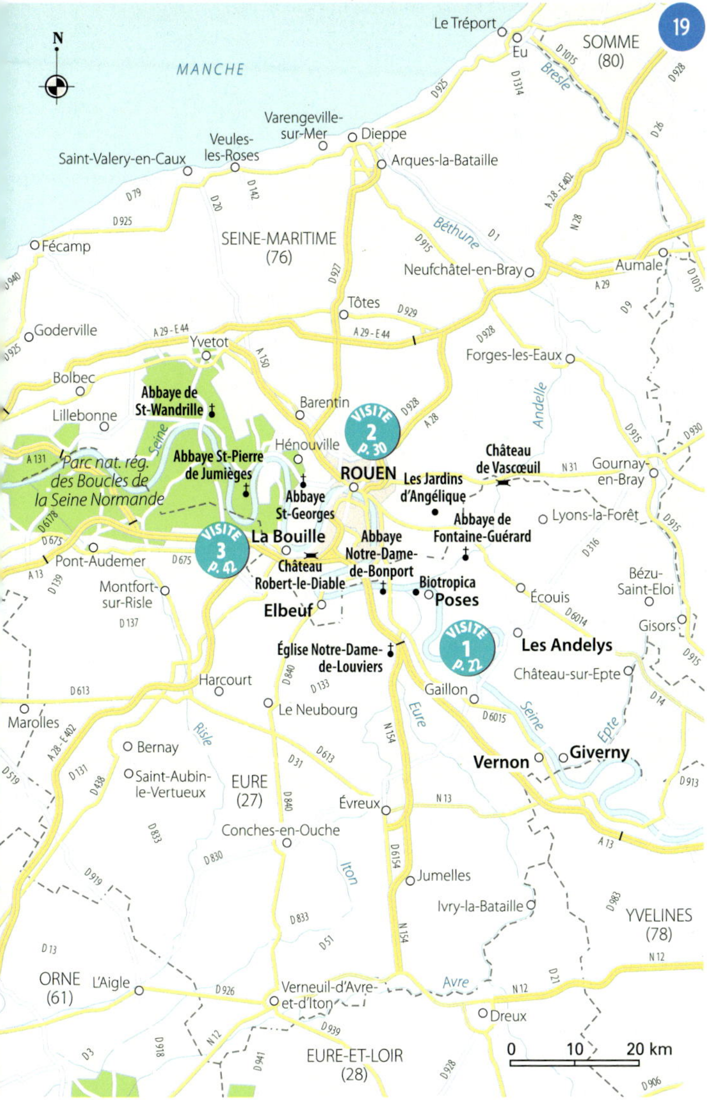
N
MANCHE
Le Tréport
Eu
SOMME
(80)
D 1015
Bresle
D 1314
D 925
D 928
Varengeville-
sur-Mer
Dieppe
Veules-
les-Roses
Saint-Valery-en-Caux
Arques-la-Bataille
D 26
D 79
D 20
D 142
A 28 - E 402
D 925
N 28
Béthune
D 1
D 915
Fécamp
SEINE-MARITIME
(76)
D 927
Neufchâtel-en-Bray
Aumale
D 1015
A 29
D 940
Tôtes
D 929
D 9
Goderville
A 29 - E 44
A 29 - E 44
D 928
D 925
Yvetot
A 150
Forges-les-Eaux
Bolbec
Abbaye de
St-Wandrille
Lillebonne
Barentin
D 928
VISITE
2
p. 30
A 28
Andelle
D 915
D 930
Seine
Hénouville
Château
de Vascœuil
A 131
Parc nat. rég.
des Boucles de
la Seine Normande
Abbaye St-Pierre
de Jumièges
ROUEN
Les Jardins
d'Angélique
N 31
Gournay-
en-Bray
Abbaye
St-Georges
Lyons-la-Forêt
D 6178
Abbaye de
Fontaine-Guérard
D 915
D 675
VISITE
3
p. 42
La Bouille
Abbaye
Notre-Dame-
de-Bonport
D 316
Pont-Audemer
D 675
Château
Robert-le-Diable
A 13
D 139
Montfort-
sur-Risle
Biotropica
Poses
Bézu-
Saint-Eloi
Écouis
Elbeuf
D 6014
Gisors
D 137
VISITE
1
p. 22
Les Andelys
Église Notre-Dame-
de-Louviers
D 915
Château-sur-Epte
Harcourt
D 840
D 133
Gaillon
D 613
D 14
Le Neubourg
Eure
Marolles
D 6015
Seine
N 154
A 28 - E 402
Risle
Epte
Bernay
D 613
Vernon
Giverny
D 519
D 131
D 31
Saint-Aubin-
le-Vertueux
D 438
EURE
(27)
D 840
Évreux
N 13
D 913
A 13
D 833
Conches-en-Ouche
D 830
D 6154
Iton
D 919
Jumelles
Ivry-la-Bataille
D 983
YVELINES
(78)
D 833
N 154
D 13
D 51
N 12
D 21
ORNE
(61)
L'Aigle
Verneuil-d'Avre-
et-d'Iton
D 926
Avre
N 12
Dreux
D 939
N 12
D 3
D 918
D 941
EURE-ET-LOIR
(28)
D 928
0
10
20 km
D 906

Infos pratiques
RÉGION DE ROUEN

COMMENT VENIR DANS LA RÉGION

En voiture : Rouen est situé à un nœud autoroutier avec l'**autoroute A13** dans le sens est-ouest qui la relie à Paris (Paris-Rouen : 138 km) et Caen, et l'**autoroute A28** dans la diagonale nord-est/sud-ouest allant d'Abbeville à Tours (Tours-Rouen : 310 km ; Lille-Rouen : 240 km). Elle est ainsi bien reliée au réseau autoroutier français.

En train : La **gare de Rouen Rive-Droite** est en connexion avec les plus grandes destinations françaises et européennes (Rouen-Paris : 1 h 15, Rouen-Lille : 3 h 30 par Paris ou Amiens, Rouen-Lyon : 3 h 45 avec un départ direct tous les jours, Rouen-Bruxelles : 5 h par Paris et Lille, Rouen -Marseille : 5 h 30).

Gare SNCF, place Bernard-Tissot, Rouen • ☎ 0 800 801 801 • Lun.-sam. 6h-21h, dim. 8h-21h.

Giverny est accessible en train **via la gare de Vernon**, au départ de la gare Saint-Lazare à Paris.

En car : des lignes de car, **Ouibus et Flixbus**, relient Rouen à certaines villes, en ligne directe ou via une correspondance.

Gare routière Rouen (bus Flixbus et Eurolines), quai du Havre • T.l.j. 5h-23h • gare routière (Ouibus), 11, rue des Charettes.

PRINCIPAUX OFFICES DE TOURISME

Office du tourisme de Rouen : 25, place de la Cathédrale • ☎ 02 32 08 32 40 • www.rouentourisme.com

Point d'information touristique de Jumièges : rue Guillaume-le-Conquérant • ☎ 02 35 37 28 97 • www.rouentourisme.com

Maison du Tourisme Normandie-Giverny : 80, rue Claude-Monet, Giverny • ☎ 02 32 64 45 01 • www.giverny.fr/maison-du-tourisme-giverny

Bureau d'information touristique de Giverny : Parking du Verger, 37, chemin du Roy, Giverny.

Office de Tourisme Nouvelle Normandie : 36, rue Carnot, Vernon • ☎ 02 32 51 39 60 • www.nouvelle-normandie-tourisme.fr

CIRCULER DANS LA RÉGION

À Rouen, le **Réseau Astuce,** le réseau de transports en commun de la métropole, est bien étoffé : **54 lignes de bus** rayonnent sur le territoire. Basées sur l'axe nord-sud, les **2 lignes du métro** desservent 31 stations réparties sur 5 communes sur les rives droite et gauche. Sur l'axe est-ouest de la rive droite, les **3 lignes TEOR** relient 8 communes. Pour compléter l'ensemble, un système de transport à la demande a été mis en place : **Filo'R : ☎ 0 800 649 649 • www.reseau-astuce.fr**

Bons plans : le titre Découverte 24 h coûte 4,90 €, le ticket dématérialisé et immédiat transmis par SMS (envoyez V1 au 93000) et la planification de l'itinéraire intermodal avec www.commentjyvais.fr.

Si vous arrivez en voiture, **trois parkings relais** en périphérie (Kindarena, Zénith et Rouges -Terres) permettent de garer son véhicule gratuitement.

Vélos en libre-service : le réseau Cy'clic comprend aujourd'hui 22 stations. L'appli **Allbikesnow** permet de localiser les vélos et places disponibles : **www.cyclic.rouen.fr • ☎ 0 800 087 800.**

Bacs sur la Seine : le département dispose de sept « passages d'eau » automobiles et piétons à proximité de Rouen. Gratuits, ils fonctionnent tous les jours du matin jusqu'au soir (horaires sur **www.seinemaritime.com**).

QUELQUES DISTANCES PAR LA ROUTE

Paris-Giverny : 72 km • **Rouen-Giverny :** 72 km • **Paris-Jumièges :** 163 km • **Rouen-Jumièges :** 28 km • **Rouen-Le Havre :** 90 km • **Rouen-Caen :** 131 km • **Rouen-Mont-Saint-Michel :** 255 km.

Bac sur la Seine

1 De Giverny À ROUEN

● Restos & bistrots p. 53 ● Bars, clubs & sorties p. 59 ● Boutiques p. 61

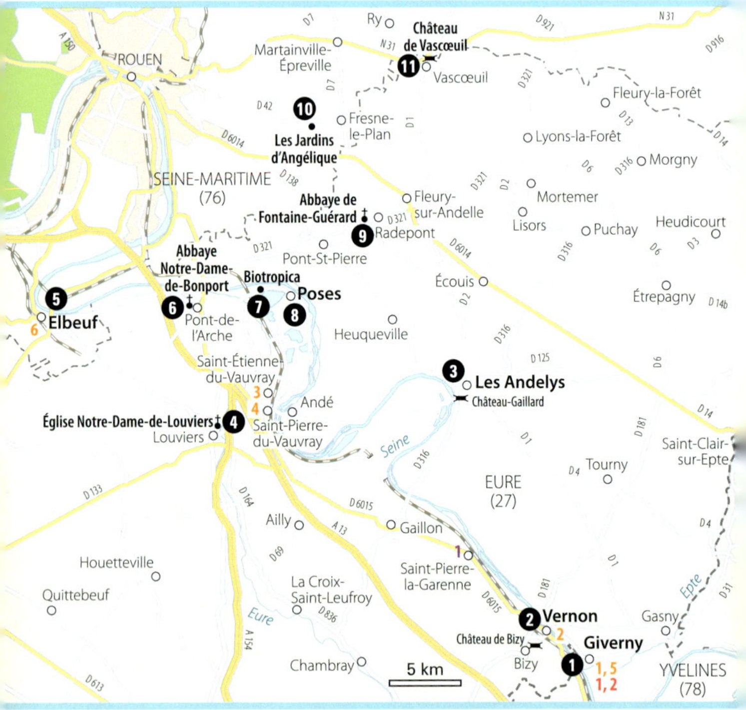

De Giverny à Rouen, la Seine creuse son lit entre les coteaux calcaires et abrupts qui bordent le plateau du Vexin sur la rive droite. Son cours multiplie les tours et détours et dessine des courbes harmonieuses ourlées de bois et ponctuées, ici et là, de villages. On savoure d'emblée l'atmosphère champêtre, délicieusement pittoresque, qui règne en majesté.

❶ GIVERNY★★★

Blotti sur la rive droite de la Seine, Giverny est un charmant village pimpant et fleuri qui aurait pu rester dans l'anonymat si un certain Claude Monet n'avait pas choisi de s'y établir... et d'y peindre la célébrissime série *Les Nymphéas*. Autour de lui, une petite colonie artistique, notamment américaine, a contribué à faire de Giverny un berceau de l'impressionnisme à l'aura internationale.

Fondation Monet – Jardin et maison de Monet★★★

Claude Monet a passé les quarante-trois dernières années de sa vie dans cette maison. Horticulteur dans l'âme, il a conçu son parc, le Clos normand, avec son jardin d'eau et son pont japonais, comme une œuvre d'art qui lui a servi de source inépuisable d'inspiration. Magnifiquement entretenue, la propriété garde vivant l'esprit du maître. Derrière la façade rose aux volets verts, le « petit salon bleu », le salon-atelier comme les chambres à l'étage semblent prêts à renouer avec le quotidien. Si les œuvres originales de Claude Monet ont été transférées au musée Marmottan à Paris, le visiteur peut admirer la fabuleuse collection d'estampes japonaises.

84, rue Claude-Monet • ☎ 02 32 51 28 21 • www.fondation-monet.com. • Avr.-oct. : t.l.j. 9h30-18h • Entrée : 9,50 € • Billet combiné avec le MDIG : 17 €.

Musée des Impressionnismes (MDIG)★★

Ce jeune musée né en 2009 revient, à travers des expositions

L'atelier de Claude Monet

temporaires thématiques ou monographiques, sur l'origine et les répercussions du mouvement impressionniste, soulignant en particulier les travaux de la colonie de la vallée de la Seine. Une programmation intelligente qui fait écho avec ce lieu mythique tout en invitant au voyage. De l'Américaine Joan Mitchell au Japonais Hiramatsu Reiji, *Les Nymphéas* continuent à fasciner.

99, rue Claude Monet • ☎ 02 32 51 94 65 • www.mdig.fr • Avr.-oct. (f. 2 sem. fin juil.) : t.l.j. 10h-18h • Entrée : 7,50 €.

Pause fleurie : La Capucine

C'est une sorte de place de village un peu bohème, imaginée par le paysagiste Thierry Hureau, qui réunit ici un bistrot-cantine (le Botanic Café), un salon de thé gourmand pour le goûter, une boutique de déco et une pépinière.

● 5 • 80, rue Claude Monet, Giverny • ☎ 02 32 51 76 67 • Avr.-oct. : t.l.j. 10h-18h.

❷ VERNON**

Ancienne cité fortifiée du Vexin, Vernon a gardé de son passé médiéval quelques maisons à pans de bois. La plus célèbre est sans doute celle perchée au-dessus de la Seine, baptisée le **Vieux Moulin**. Elle a d'ailleurs inspiré une toile à Claude Monet en 1883. Autre joyau architectural, la **Collégiale** (XIe-XVIe s.) conjugue les styles : le roman dans le chœur et le transept et le gothique rayonnant, flamboyant ou tardif ailleurs.

Musée de Vernon*

Pour poursuivre ce pèlerinage impressionniste, on peut faire une incursion dans ce petit musée qui possède aussi une surprenante collection de portraits et sculptures animalières.

12, rue du Pont • ☎ 02 32 21 28 09 • Avr.-oct. : mar.-dim. 10h30-18h ; nov.-mars mar.-ven. : 14h-17h30, sam.-dim. 14h30-17h30 • Entrée : 4,80 € • Billet combiné avec le MDIG à Giverny : 8,50 € • Billet combiné avec la Fondation Monet à Giverny : 11,50 €.

Château de Bizy*

Ce joli château du XVIIIe s. à la mode versaillaise appartint entre autres à Louis-Philippe. Rien d'étonnant à ce que l'on y trouve un décor très royal (les tapisseries des Gobelins), voire impérial (guéridon en marqueterie offert par Napoléon Ier). À l'extérieur, les fontaines, la promenade de Vénus à l'ordonnancement à la française et le parc à l'anglaise sont également classés au titre des monuments historiques.

Av. du Maréchal-de-Lattre-de-Tassigny • ☎ 02 32 51 00 82 • www.chateaudebizy.com • Avr.-oct. : mar.-dim. 10h-18h • Vis. guidée : 10h30, 11h15, 14h30, 15h30, 16h30, 17h15 • Entrée : 8 €.

Château de Bizy

❸ LES ANDELYS★★

Dans une courbe de la Seine, juste au pied des falaises, le site des Andelys est romantique en diable ! Sous l'ombre tutélaire de Château-Gaillard, les maisons ont un air bien modeste comparées au grandiose **hospice baroque Saint-Jacques** (1785) et à la **collégiale Notre-Dame** au style gothique et Renaissance (1215-1570). C'est ici que naquit en 1594 le peintre Nicolas Poussin, grand peintre de l'âge classique. Une de ses toiles, *Coriolan supplié par les siens*, est conservée au **musée** local, baptisé d'ailleurs... Nicolas Poussin tandis que sa statue trône à côté de la collégiale.

Château-Gaillard★★

Impressionnante forteresse surplombant un méandre de la Seine, Château-Gaillard a été commandité par Richard Cœur de Lion et construit dans l'urgence entre 1196 et 1198 pour protéger ses acquis... ce qui n'empêcha pas en 1204 son ennemi, le roi de France Philippe Auguste, d'en prendre possession. Chef-d'œuvre de l'architecture militaire, Château-Gaillard reprend vie chaque saison grâce à un programme d'animations aussi tumultueux que son histoire !

• Avr.-début nov. : t.l.j. sf mar. 10h-13h et 14h-18h • Vis. guidée : 11h30, 14h30, 16h30 (15h30 en juil.-août) • Entrée (vis. guidée et animation) : 4,50 €.

❹ ÉGLISE NOTRE-DAME DE LOUVIERS★

Signe de la prospérité de la cité drapière, l'église Notre-Dame, érigée aux XIIIe et XVIe s., présente de nobles proportions. Le chœur, la nef, le transept et la tour-lanterne datent de la première campagne de construction, tandis

La Fabrique des Savoirs

que le superbe porche sud, au style flamboyant, ainsi qu'un ensemble de verrières signé du maître verrier rouennais Arnould de Nimègues, datent du XVIe s.
1, rue Pierre-Mendès-France.

❺ ELBEUF★★

Traversée par le modeste Puchot, aujourd'hui comblé, Elbeuf lui doit néanmoins sa prospérité à partir du XVIIe s. C'est en effet sur ses rives que s'installent les manufactures de drap de laine qui seront réputées bien au-delà du royaume.

La Fabrique des Savoirs

La Fabrique des Savoirs, à la fois Centre d'interprétation de l'Architecture et du Patrimoine, est un bel exemple de réhabilitation réussie. Dans une bâtisse de l'ancienne usine Blin & Blin, les visiteurs découvrent des vestiges archéologiques, à travers une scénographie imaginative et au fil du fleuve, la Seine, appréhendent le passé urbain et l'aventure du drap au rez-de-chaussée. L'étage expose d'énormes machines textiles réduites au silence et une collection d'animaux naturalisés.
7, cours Gambetta • ☎ 02 32 96 30 40 • Mar.-dim. 14h-18h • Accès libre.

❻ ABBAYE NOTRE-DAME-DE-BONPORT★★

Nichée sur les bords de la Seine, l'abbaye cistercienne fondée en 1189 par Richard Cœur de Lion est un havre de verdure. Seules les ailes conventuelles ont réchappé à la Révolution. Néanmoins, l'esprit raffiné de Cîteaux semble toujours planer sous les voûtes à croisée d'ogives du réfectoire et du scriptorium, tandis que dix chambres lambrissées à l'étage attestent d'un certain confort !

Pour une pause cupcake : Rena Hay Tort

D'origine arménienne (« *hay tort* » signifie gâteau en arménien), Rena est une pâtissière-designeuse qui sait réussir des gâteaux aussi beaux que bons. Sous un glaçage coloré, ses cupcakes à la pistache, à la poire, à la fraise ou à la noisette sont un régal, tout comme les fraisiers et mille-feuilles plus classiques.

● 6 • À Elbeuf. 2, rue Jean-Gaument • ☎ 06 41 00 21 13.

À Pont-de-l'Arche • ☎ 02 35 02 19 42 • www.abbayedebonport.com • Avr.-juin et sept. : dim. et j.f. 14h-18h30 ; juil.-août : t.l.j. sf sam. 14h-18h30 • Vis. guidée • Entrée : 4 €.

7 BIOTROPICA★★★

Bulle tropicale à quelques kilomètres de Rouen, Biotropica est un territoire multiple. Sous la serre de 6 000 m² cohabitent des espèces et variétés exotiques sélectionnées pour illustrer la diversité des règnes animal et végétal. Des alligators aux ibis rouges, des tamarins aux loriquets, ça pullule de vie. Une miniferme à l'extérieur fera le bonheur des plus jeunes.

À Val-de-Reuil. Butte de la Capoulade • ☎ 02 32 40 71 44 • www.biotropica.fr • Avr.-sept. : t.l.j. 9h30-19h ; oct.-mars : t.l.j. 9h30-18h ; f. 1er janv. et 25 déc. • Entrée : 14 € ; entrée enfant : 9,90 €.

8 POSES★

Sous les coteaux pentus de la Seine, le village de bateliers jouit d'un emplacement de choix sur une portion fluviale parsemée d'îles, huit sur 11 km, qui s'achève avec le barrage de Poses. Elles créent une sorte de dédale aquatique, évoquant plutôt l'intimité d'une rivière. La plaine alluviale de la rive gauche a été profondément modifiée par son industrialisation puis sa reconversion paysagère. Les sablières et gravières forment aujourd'hui un espace lacustre inédit, propice à la détente.

Poses

Abbaye de Fontaine-Guérard

La réserve ornithologique de la Grande-Noé*

Les 65 ha de l'étang de la Grande-Noé, classé réserve naturelle, abritent des colonies d'oiseaux migrateurs. On y a recensé plus de 200 espèces, dont la moitié de nicheurs. L'hivernage est la meilleure saison pour observer les grands rassemblements d'oiseaux d'eau, les 800 à 1 000 grands cormorans qui occupent une petite île boisée ou encore les canards, grèbes huppés, hérons cendrés, poules d'eau, mouettes et sternes…
Chaussée d'Andelle, Val-de-Reuil • Accès libre • 3 observatoires.

Marée, marnage et mascaret

La **marée** se perçoit jusqu'à Poses à 40 km en amont de Rouen. Le **marnage**, la différence entre marée haute et basse, n'atteint alors que quelques centimètres tandis qu'il est de 3 m à Rouen. Phénomène lié aux équinoxes, le **mascaret** est une vague se propageant de l'estuaire vers l'intérieur, créée par la collision entre la marée montante et le flux du fleuve.

La base de loisirs de Léry-Poses*

Le lac des Deux-Amants est, en été, quasi balnéaire, avec son aire de baignade, ses terrains de beach-volley et de pétanque et même un téléski nautique et une vague à surf ! On peut aussi louer des VTT, jouer à la pétanque ou faire un minigolf.
Rue du Souvenir-Français • ☎ 02 32 59 13 13 • Activités payantes (ski nautique 20 €/1 h ; vague à surf 15 €/20 min).

9 ABBAYE DE FONTAINE-GUÉRARD**

Dans la vallée de l'Andelle, cette abbaye fondée en 1190 par des cisterciennes a gardé l'élégance sobre du gothique anglo-normand. Si l'église est en partie détruite, la salle capitulaire à trois nefs, le scriptorium en croisées d'ogives, et le dortoir des moniales avec sa superbe charpente, remarquablement conservés, évoquent la quiétude et la sérénité.

À Radepont • ☎ 06 86 08 04 67 • Mai-juin et sept. : dim. et j.f. 14h-18h ; juil.-août : t.l.j. 14h-18h30 (f. dernière sem. de juin et 1re sem. de juil.) • Journées du Patrimoine : sam. 10h-22h et dim. 14h-18h • Attention, f. certains sam. pour mariage • Entrée : 5 €.

⑩ LES JARDINS D'ANGÉLIQUE**

Véritable jardin anglais, les jardins d'Angélique (labellisés Jardin remarquable) forment un tableau enchanteur avec leurs allées tapissées de pelouse et leurs massifs fleuris ombragés. De l'autre côté du manoir de la fin du XVIIe s., la maîtresse du domaine, Gloria, a créé un ravissant jardin à l'italienne composé de parterres de buis et de topiaires d'ifs autour d'une pièce d'eau centrale.

À Montmain ; Hameau de Pigrard • ☎ 02 35 79 08 12 • De mai à mi-oct. : t.l.j. (sf mar. juil.-oct.) 11h-19h • Entrée : 7 €.

⑪ CHÂTEAU DE VASCŒUIL ET SES JARDINS***

S'il est labellisé Maisons des Illustres du fait de l'ombre tutélaire de l'historien Jules Michelet (un petit musée lui est dédié), le château de Vascœuil est avant tout un surprenant espace d'art en plein air. Dans son jardin, une cinquantaine de sculptures signées Dalí, Vasarely, Braque surgissent au bout d'une charmille, au pied d'un chêne tricentenaire...

8, rue Jules-Michelet • ☎ 02 35 23 62 35 • Du 8 juil. à mi-sept. : t.l.j. 11h-18h30 (possibilité de déj. sur place au restaurant La Cascade) ; vac. de printemps, juin et 2e quinzaine de sept. : mer.-dim. et j.f. 14h30-18h ; 1re quinzaine d'avr. et oct.-nov. hors vac. scol. : sam.-dim. et j.f. 14h30-18h • Entrée : 10 €.

Les Jardins d'Angélique

2 Rouen

● Restos & bistrots p. 55 ● Bars, clubs & sorties p. 59 ● Boutiques p. 61

Installée sur les rives de la Seine, Rouen a gardé son charme médiéval et la plupart de ses clochers ! Hérissée d'églises gothiques et de maisons à pans de bois, la cité d'antan n'a pourtant pas les yeux rivés sur son passé. La reconquête piétonne des quais et la création d'écoquartiers témoignent du dynamisme de la métropole normande.

❶ CATHÉDRALE NOTRE-DAME★★★

La cathédrale Notre-Dame est sans doute l'une des cathédrales gothiques les plus connues dans le monde grâce à la série de tableaux que lui consacra Monet. Merveilleusement ornementé de statues et de gâbles, son portail est encadré par la tour Saint-Romain du XIIe s. (sauf son dernier niveau, du XVe s.) sur sa gauche et par la puissante tour de Beurre de la toute fin du XVe s. sur sa droite. Cette tour servit de modèle à la Tribune Tower à Chicago ! Le recul sur le parvis permet d'admirer sa façade asymétrique encadrée par les deux tours. Au XIXe s., avant l'édification de la tour Eiffel, l'ajout de la flèche en fonte, haute de 151 m, en fit le plus haut monument de France. Dans le déambulatoire et les chapelles latérales nord, les « Belles Verrières » aux dominantes bleue et rouge remontent au XIIIe s. Le **portail des Libraires**, l'entrée nord de la cathédrale, donne sur la cour des Libraires, où se trouvait

La cathédrale Notre-Dame

L'atelier de Monet

C'est dans l'une des salles de l'ancien Bureau des Finances converti en boutique de lingerie (actuel office de tourisme), que Claude Monet installa son chevalet et ses pinceaux face à la cathédrale entre février et avril 1892. Pour ne pas scandaliser la gent féminine, il devait se réfugier dans une cabine d'essayage ! Malgré cela, il réalisa ici onze toiles sur les vingt-huit de la série consacrée à la cathédrale.

Historial Jeanne d'Arc

la bibliothèque des chanoines. Les 150 quadrilobes des soubassements aux bas-reliefs géométriques ou historiés en font son originalité. Quatre **gisants** reposent dans le déambulatoire. Le tombeau de Richard Cœur de Lion, du XIIIe s., fut redécouvert en 1838. Il contenait le cœur du monarque, aujourd'hui conservé dans un reliquaire au trésor de la cathédrale. La dépouille, elle, se trouve à Fontevraud-l'Abbaye.

Pl. de la Cathédrale • Avr.-oct. : lun. 14h-19h, mar.-sam. 7h30-19h, dim. et fêtes 8h-18h ; nov.-mars : mar.-sam. 7h30-12h et 14h-18h, dim.-lun. et fêtes 14h-18h ; f. lun. matin, 1er janv., 1er mai et 11 nov. • Accès libre • Vis. guidée gratuite en saison t.l.j. à 14h30, r.-v. sur le parvis.

❷ HISTORIAL JEANNE D'ARC★★★

Pour célébrer la plus grande héroïne de l'histoire de France, il fallait trouver un lieu à sa hauteur. Avec l'ancien archevêché de Rouen, où se déroulèrent les deux procès de sa condamnation (1431) et de sa réhabilitation (1455), Jeanne la Pucelle tient sa revanche ! Des cryptes romanes et gothiques aux combles, ce sont plus de 1 000 m^2 qui retracent la folle aventure de la bergère jusqu'à son bûcher, tout au long d'un parcours-spectacle immersif.

7, rue Saint-Romain • ☎ 02 35 08 10 30 • www.historial-jeannedarc.fr • Mar.-dim. 10h-12h15 et 12h45-19h • Entrée : 10,50 €.

❸ GROS-HORLOGE***

Symbole de la liberté municipale, une nouvelle tour est érigée en 1389, après la destruction du premier beffroi. L'horloge de Jean de Felain est dotée en 1527 de magnifiques cadrans bleu et or Renaissance posés au-dessus de la porte qui enjambe la rue. Notez que l'unique aiguille est ornée à sa pointe d'un agneau (le mouton est le symbole de Rouen depuis le XIIIe s.). La visite de la tour offre un joli point de vue sur la ville.

Rue du Gros-Horloge • ☎ 02 32 08 01 90 • groshorloge@rouen.fr • Mar.-dim. 10h-13h et 14h-19h (avr.-oct) ou 14h-18h (nov.-mars) ; f. 1er janv. et 25 déc. • Vis. audioguidée • Entrée : 7 €.

❹ PALAIS DE JUSTICE***

Commencé sous Louis XII, le chantier du palais s'étale de 1499 à 1550. On ne peut qu'être ébloui par la finesse de l'ornementation gothique et Renaissance. Sévèrement bombardé le 26 août 1944, le palais de justice est minutieusement restauré. Sous sa cour, des fouilles ont révélé l'existence d'une construction romane au cœur de ce qui était jadis le quartier juif. Il s'agirait du plus ancien monument juif d'Europe occidentale.

36, rue aux Juifs • Vis. guidée uniquement organisée par l'office de tourisme sur résa : ☎ 02 32 08 32 40 ou www.rouentourisme.com

❺ PLACE DU VIEUX-MARCHÉ***

L'ancien « ventre » de Rouen, où se tenait le marché au gros jusqu'en 1979, est aujourd'hui encore un lieu très animé.

L'église Sainte-Jeanne-d'Arc***

Érigée entre 1975 et 1979, sa structure en béton armé et sa haute toiture couverte d'ardoises ressemblant à un aileron ne font alors pas l'unanimité. Mais si sa silhouette moderne tranche avec les façades médiévales de la place, le choc esthétique à l'intérieur est des plus purs. On y découvre les couleurs chatoyantes de treize verrières du XVIe s. provenant de l'église Saint-Vincent détruite en

1944. Sur la place, la grande croix marque l'emplacement du bûcher, lieu du supplice de Jeanne d'Arc.
Pl. du Vieux-Marché • T.l.j. sf ven. et dim. mat. 10h-12h et 14h-18h ; f. 1er janv. et 25 déc. • Accès libre.

❻ MUSÉE DES BEAUX-ARTS★★★

L'étendue et la qualité du fonds de ce musée sont prodigieuses ! Si toute l'histoire de l'art occidental est représentée, la collection impressionniste, riche de nombreux chefs-d'œuvre, mérite qu'on s'y attarde. On peut y découvrir le tableau *Route, effet de neige, soleil couchant* de Claude Monet ou encore *L'Inondation de Port-Marly* d'Alfred Sisley. Une belle part est consacrée aux artistes originaires de Rouen, comme le peintre classique Nicolas Poussin, le génie romantique Géricault et le turbulent Marcel Duchamp.
Esplanade Marcel-Duchamp • ☎ 02 35 71 28 40 • www.mbarouen.fr • T.l.j. sf mar. et j.f. 10h-18h • Accès libre pour l'exposition permanente, accès payant pour les expositions temporaires.

❼ MUSÉE DE LA CÉRAMIQUE★★

L'hôtel d'Hocqueville (1654) et son jardin prêtent leur décor classique à une très riche collection de faïences provenant des grands centres de production mondiaux et, bien sûr, des faïenciers de Rouen qui prospérèrent du XVIe au XVIIIe s. La scénographie tire parti du cadre élégant et intime pour redonner vie à ces délicats vases, pièces de vaisselle et sculptures.
1, rue Faucon ou 94, rue Jeanne-d'Arc • ☎ 02 35 07 31 74 • www.

Église Sainte-Jeanne-dArc

museedelaceramique.fr • T.l.j. sf mar. et j.f. 14h-18h • Accès libre.

❽ MUSÉE LE SECQ DES TOURNELLES**

Si le site est surprenant (une église désacralisée), la collection l'est tout autant ! Elle est l'œuvre d'un passionné, Henri Le Secq des Tournelles père (1818-1882), un pionnier de la photographie qui, chargé d'immortaliser les monuments historiques, récupéra les ferronneries promises à la destruction par Haussmann : clés, grilles, enseignes, fers à repasser...
Rue Jacques-Villon • ☎ 02 35 88 42 92 • www.museelesecqdestournelles.fr • T.l.j. sf mar. et j.f. 14h-18h • Accès libre.

Musée Le Secq des Tournelles

❾ MUSÉUM D'HISTOIRE NATURELLE*

Installé dans l'ancien couvent des Visitandines, le muséum, ouvert en 1834, conserve près de 800 000 pièces scientifiques variées. Dans les vitrines à l'ancienne, ses animaux naturalisés comme ses trésors ethnographiques venus des quatre coins de la planète émerveilleront petits et grands.
98, rue Beauvoisine • ☎ 02 35 71 41 50 • www.museumderouen.fr • Mar.-dim. 14h-17h30 (18h le dim.) • Accès libre.

❿ MUSÉE DÉPARTEMENTAL DES ANTIQUITÉS**

Ce musée intimiste présente des collections allant de l'âge du bronze à la Renaissance. De la superbe mosaïque d'une *domus* gallo-romaine de Lillebonne à une momie égyptienne, la richesse des civilisations antiques est bien représentée. On peut y admirer aussi les vitraux des mois de Montigny ou des albâtres « anglais » finement sculptés.
198, rue Beauvoisine • ☎ 02 35 98 55 10 • www.museedesantiquites.fr • Mar.-sam. 13h30-17h30, dim. 14h-18h ; pendant les vac. scolaires et lors des expositions temporaires 10h-12h15.

⓫ HÔTEL DE VILLE*

L'ancien dortoir des moines, expulsés à la Révolution, abrite l'hôtel de ville dès 1800. Pour lui offrir une esplanade digne de son rôle, on n'hésite pas alors à détruire les bâtiments conventuels et le cloître. En 1822, un péristyle et deux pavillons en saillie finissent de lui donner son assise très officielle que renforcera, en 1865, d'une petite hauteur impériale, la statue équestre en bronze de Napoléon Ier.

Pl. du Général-de-Gaulle • ☎ 02 35 08 69 00 • Lun.-ven. 8h30-16h45, sam. 8h30-12h • Accès libre.

⓬ ABBATIALE SAINT-OUEN***

L'abbatiale gothique (137 m de long et 33 m de haut) est classée monument historique dès 1840, avant même que la façade occidentale néogothique soit ajoutée en 1851. Une fois le portail latéral des Marmousets franchi, les projections de lumière filtrées par le prisme des verrières des XIVe et XVIe s. éclaboussent piliers et balustrades. Autre motif d'émerveillement : son grand orgue romantique Cavaillé-Coll aux 3 914 tuyaux. Derrière le chevet, l'ancien jardin monastique offre ses pelouses et l'ombre de ses arbres aux promeneurs.

Pl. du Général-de-Gaulle • Mar.-jeu. et sam.-dim. 10h-12h et 14h-18h (17h nov.-mars) ; f. Noël et 1er janv. • Accès libre.

⓭ RUE EAU-DU-ROBEC*

Traversée par un minuscule ruisseau artificiel, la rue piétonne Eau-du-Robec respire la tranquillité. Sous les façades colorées des maisons à pans de bois, les bars et restaurants branchés débordent volontiers en terrasse. Ici, la gastronomie puise dans le local, le bio, le circuit court et mise sur la convivialité. Bref, la

Abbatiale Saint-Ouen

rue Eau-du-Robec, c'est un petit village fort sympathique qui vit à midi et jusqu'à tard le soir.

⓮ RUE MARTAINVILLE★★★

Les coquettes façades à pans de bois rehaussées de couleurs gaies témoignent du passé textile de la ville. Le drap de Rouen est alors réputé dans l'Europe entière. Les hautes maisons étroites à pans de bois à trois ou quatre niveaux des XVIIe et XVIIIe s. sont bien éclairées par les grandes ouvertures, ce qui facilite le travail sur les métiers. Elles possèdent également un grenier surélevé ventilé, le « grenier-étente », où l'on mettait les toiles à sécher.

L'aître Saint-Maclou★★

Ce nom mystérieux pour beaucoup ne révèle pas grand-chose de son usage ! Les motifs macabres qui ornent les galeries donnent néanmoins des indices. Il s'agit d'un ancien cimetière charnier ouvert lors de la peste noire de 1521-1522. Une restauration en cours doit convertir le site en espace dédié aux métiers d'art et animé par un collectif de céramistes.

186, rue Martainville • Pendant les travaux, ouv. partiellement lun.-ven.

Rue Eau-de-Robec

Pause sucrée : L'Empreinte

Écrin pop, avec des fauteuils orange et des verrières, voici un salon de thé détonnant ! Le jeune chef, Pierre Henry, rejoue à sa manière la carte des desserts. Qu'on soit thé vert (3 €), smoothie (4,50 €) ou cake (5 €), on savoure ces créations originales.

● 15 • 11, rue Damiette • ☎ 02 32 83 18 63 • Mer.-sam. 10h-19h et dim. 10h30-17h30.

⑮ ÉGLISE SAINT-MACLOU★★★

Cette paroisse de drapiers et teinturiers est la preuve de la prospérité de l'activité à la fin du Moyen Âge. La finesse de son architecture classe l'église Saint-Maclou parmi les bijoux de l'art gothique flamboyant (1437-1521). Sur le côté de sa façade légèrement convexe, une petite fontaine peu catholique retient l'attention : la fontaine aux Enfants pisseurs ! Toute l'ornementation – les porches et les portes en bois sculpté, le buffet d'orgues Renaissance, les vitraux du XVe s., la statuaire abondante – témoigne de l'aisance de l'époque.

Pl. Barthélemy • Avr.-oct. : sam.-lun. 10h-12h et 14h-18h ; nov.-mars. : sam.-lun. 10h-12h et 14h-17h30 • Accès libre.

⑯ PANORAMA XXL★★★

Construction éphémère, la rotonde métallique haute de 35 m abrite, en rotation sur l'année, des fresques gigantesques : *Rome 312*, *Amazonie*, *La Grande Barrière de Corail* et *Rouen 1431*, toutes signées de l'artiste allemand Yadegar Asisi. En juin 2018, une œuvre inédite : *Titanic, les promesses de la modernité* vous plongera à plus de 3 800 mètres de profondeur à la découverte des vestiges du navire le plus célèbre du XXe s. Une immersion multisensorielle à 360° ! (p. 10).

Quai de Boisguilbert • ☎ 02 35 52 95 29 • Mai-août : mar.-dim. 10h-19h ; sept.-avr. : mar.-dim. 10h-18h ; f. 1er janv., 1er mai et 25 déc. • Entrée : 9,50 €.

⑰ LE LONG DE LA SEINE★★

Quais bas rive droite

Depuis les années 2000, les quais de Seine poursuivent leur mutation. Les anciens hangars rénovés accueillent aujourd'hui des activités liées aux loisirs, tandis que la large promenade est

Pause au-dessus des flots : Ströke

Cette grande salle façon nef industrielle avec vue sur la Seine évolue au gré de la journée. À midi, c'est un self-service pour faire le plein de bagels, salades, soupes du jour, pâtes fraîches... Formule rapide et gourmande à 12,50 €. À l'apéro, on grignote des tapas en sirotant un verre de vin avec un DJ aux platines le vendredi soir (formule tapas + boisson à 7 €). Et dimanche matin, c'est brunch à gogo (22,50 €) !

● 16 • Bâtiment E, Espace des Marégraphes, 5, quai de Boisguilbert • ☎ 06 31 76 69 34 • Lun. 12h-15h, mar.-sam. 12h-15h et 17h-22h, dim. 12h-16h.

idéale pour les balades à pied, à vélo ou en patins à roulettes !

Rive gauche et Prairie Saint-Sever

Les pelouses de la Prairie Saint-Sever, entre le pont Corneille et le pont Boieldieu, se prolongent le long d'une promenade de 3 km, jalonnée d'espaces de détente et de sport. Plus loin, à côté de l'hôtel de la Métropole au profil futuriste et du 106, Scène de Musiques actuelles, le 105 accueillera bientôt un pôle d'activités récréatives, avec un skatepark, une paroi d'escalade *indoor*, un Spa-piscine en rooftop... À l'arrière, enfin, s'étend le grand projet d'écoquartier Flaubert.

Presqu'île Rollet

En aval du pont Gustave-Flaubert, l'ancienne « île noire » où était stocké le charbon est plus verdoyante que jamais, avec ses prairies où pique-niquer, sa promenade sur les berges, ses transats qui invitent à la sieste...

⓲ GRAND PORT MARITIME**

Rouen est une grande ville portuaire au trafic dense (450 mouvements de navires/mois). Les infrastructures portuaires (appontements, hangars, grues, passerelles et silos) se succèdent le long de kilomètres de quais sur les rives gauche et droite. Rouen stocke et traite toutes sortes de produits : bois et produits papetiers, céréales, pétrole...

Visite du port mer. et sam. à 14h30 sur la vedette *La Lutèce* • Résa obligatoire à l'office de tourisme ☎ 02 32 08 32 40 • Durée : 1h30 • Entrée : 10 €.

Quai de Boisguilbert

Dans l'intimité DES ROUENNAIS ILLUSTRES

Si l'on associe aisément Jeanne d'Arc ou Claude Monet à Rouen, ces deux grandes figures ne sont pas originaires de la région rouennaise. En revanche, la cité normande a vu naître d'autres personnalités dont l'œuvre est passée à la postérité.

PIERRE CORNEILLE

À Rouen, l'illustre dramaturge du XVIIe s. a un lycée et un pont à son nom et, dressée devant le Théâtre des Arts, la statue due à David d'Angers (1834) puis une dans la cour du lycée Corneille, et une autre dans l'hôtel de ville. Né dans la petite **rue de la Pie**, Pierre Corneille (1606-1684) y demeure jusqu'en 1662, date à laquelle il part s'installer à Paris. Promis à une carrière de robe, il préfère la plume au prétoire et revend sa charge. Sa notoriété n'est plus à faire après le triomphe du *Cid* en 1637. À Rouen, sa maison natale est devenue musée, mais où seul un joli cabinet en ébène appartint au grand dramaturge, et à Petit-Couronne, on peut voir sa maison des champs.

À voir

• Maison natale de Corneille
4, rue de la Pie • ☎ 02 76 08 80 88 • Sept.-juin : mar.-ven. 13h30-17h30, sam. 9h-12h et 13h30-17h30, dim. 14h-18h ; juil.-août : mer.-dim. 14h-18h • Accès libre.

• Musée Gustave Flaubert et d'histoire de la médecine
51, rue Lecat • ☎ 02 35 15 59 95 • Mai-juin et sept. : sam.-dim. 14h-18h ; juil.-août : mer.-dim. 14h-18h • Accès libre.

• Pavillon Flaubert
18 quai Gustave-Flaubert à Dieppedalle-Croisset • ☎ 02 76 088 088 • Juil.-août : mer.-dim. 14h-18h ; mai-juin et sept. : sam.-dim. 14h-18h • Accès libre.

• Cimetière monumental de Rouen
Rue du Mesnil-Gremichon • Sam.-dim. 9h-8h, lun.-ven. 8h15-18h.

GUSTAVE FLAUBERT

À Rouen, Gustave Flaubert (1821-1880) a droit lui aussi à « son » pont, le plus haut pont levant (86 m) à l'époque, inauguré en 2008 et à sa statue en bronze, place des Carmes. Il est né dans le logement de fonction de son père, chirurgien en chef de l'Hôtel-Dieu. C'est aujourd'hui le **Musée Flaubert et**

d'histoire de la médecine, où sont présentés à la fois des souvenirs de sa famille et une collection médicale unique du XVIe s. au milieu du XXe s. Un jardin des plantes médicinales complète la visite. À partir de 1851, l'écrivain s'installe dans la maison de vacances à **Croisset** où il décédera. De cette propriété qui fut rasée à sa mort, seul subsiste un petit pavillon où il aimait recevoir ses amis Guy de Maupassant, George Sand, Tourgueniev et les frères Goncourt. Il fut transformé en musée dès 1906.

Musée Gustave Flaubert

HECTOR MALOT

Né à **La Bouille** (p. 45), le petit Hector échappe miraculeusement à la mort quelques heures après sa naissance. On lui prédit un destin hors du commun... qui passe d'abord par une scolarité au lycée Corneille à Rouen. Dès 17 ans, il part poursuivre ses études à Paris. Le père de *Sans famille*, écrivain engagé et épris de voyages, meurt à Fontenay-sous-Bois en 1907. En 1967, son buste est inauguré à La Bouille, dans le square face à l'église.

MARCEL DUCHAMP

Aussi adulé aujourd'hui que décrié hier, Marcel Duchamp (1887-1968), « l'homme le plus intelligent du siècle » selon André Breton, est donc né à Blainville-Crevon à 20 km au nord-est de Rouen. Explorateur artistique rattaché à aucune école, il est l'inventeur des ready-made. En 1917, sa fameuse *Fontaine*, un urinoir inversé, fait scandale. Bien que naturalisé américain en 1955, il est inhumé au **cimetière monumental de Rouen**. Le **musée des Beaux-Arts** (p. 34) possède quelques œuvres du maître.

FRANÇOIS-ADRIEN BOIELDIEU

Compositeur d'opéras, François-Adrien Boieldieu (1775-1834) naît au 61, rue des Ours à Rouen. Aux côtés de l'organiste de la cathédrale, il devient très vite un musicien prodige écrivant avant l'âge de dix ans des petites sonates. De 1804 à 1810, il est appelé à la cour du tsar Alexandre Ier. En 1825, il crée son chef-d'œuvre, *La Dame blanche*. Si sa tombe se trouve au Père-Lachaise, son cœur repose au **cimetière monumental de Rouen**. Sa statue trône place Gaillard-Bois.

3 Jumièges et les BOUCLES DE LA SEINE

● Restos & bistrots p. 58 ● Boutiques p. 63

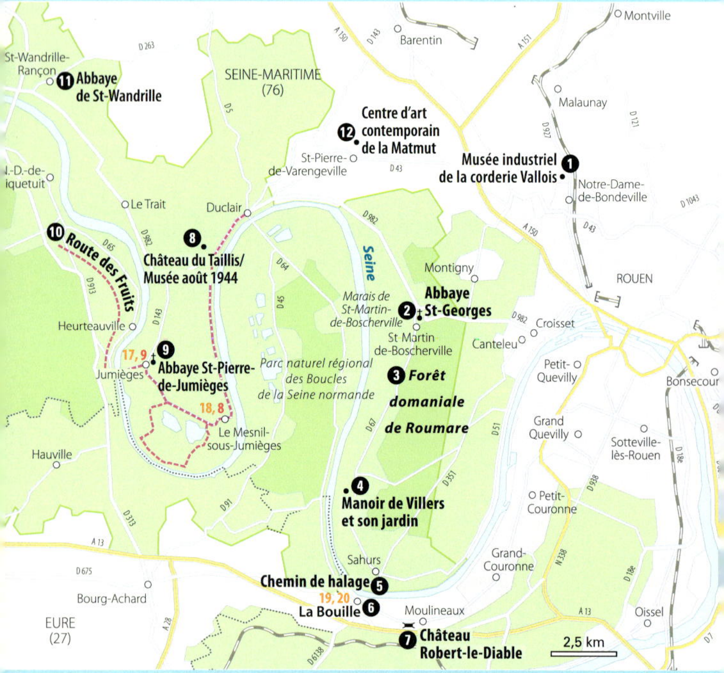

En aval de la Seine, la campagne dévoile ses douces collines couvertes de forêts descendant vers les rives du fleuve. C'est dans ces méandres fertiles que s'épanouirent dès le Moyen Âge de prospères congrégations religieuses qui sont aujourd'hui un des fleurons de la Normandie. C'est aussi un bel écrin de nature faisant partie du Parc naturel régional des Boucles de la Seine normande, une destination propice à la randonnée.

❶ MUSÉE INDUSTRIEL DE LA CORDERIE VALLOIS***

Au cœur de la vallée du Cailly, le Musée industriel de la corderie Vallois fait ressurgir de façon vivante l'intense activité de la « petite vallée de Manchester », où l'on compta jusqu'à 51 filatures de coton ! Grâce à son immense roue à aubes, les vieilles machines en fonte des XIXe et début XXe s. fonctionnent toujours et, qu'elles tordent des câbles ou tressent des fils, témoignent d'une ingéniosité prodigieuse et véloce.

À Notre-Dame-de-Bondeville. 185, route de Dieppe • ☎ 02 35 74 35 35 • www.corderievallois.fr • T.l.j. 13h30-18h, f. certains j.f. • Accès libre pour la collection permanente.

❷ ABBAYE SAINT-GEORGES***

Signalée par la haute tour-lanterne de son église, l'abbaye bénédictine fondée par Guillaume de Tancarville se repère de loin dans cette jolie campagne normande.

L'église abbatiale

Édifiée en pierre de Caumont entre 1113 et 1140, l'abbatiale est de style roman anglo-normand même si l'élévation et la clarté de la nef la rapprochent du gothique. Pour obtenir une telle hauteur, les maçons utilisèrent la technique des murs épais qui vont en s'amenuisant vers le haut et ils renforcèrent la structure par un système de pilastres et

Église de l'abbaye Saint-Georges

de colonnes semi-engagées. La **salle capitulaire** datant du XIIe s., avec une surélévation du XVIIe s., est un magnifique exemple de la transition entre les styles roman et gothique. Une frise hispano-mauresque, la même que celle du chevet de la cathédrale de Palerme, rappelle l'établissement en 1130 de la souveraineté normande en Sicile.

Les jardins du XVIIe s.

Les moines mauristes (la branche érudite des bénédictins) reconstruisirent les bâtiments conventuels et agrandirent les jardins en 1663. Influencés par l'école italienne, ils divisèrent le coteau en quatre terrasses et ménagèrent depuis le pavillon des Vents un point de vue sur le site. Mais c'est à l'art des jardins à la française que l'on doit l'organisation en quatre parterres du premier niveau.

À Saint-Martin-de-Boscherville • ☎ 02 35 32 10 82 • www.abbaye-saint-georges.com • Avr.-oct. : t.l.j. 9h-18h30 ; nov.-mars : t.l.j. 14h-17h • Entrée : 6,50 € ; audioguide gratuit • Accès libre dans l'église • Vis. guidée du domaine abbatial sam.-dim. et j.f. à 16h (avr.-oct.) et dim. et j.f. à 15h (nov.-mars).

Salle à manger du manoir de Villers

❸ FORÊT DE ROUMARE**

Cette grande forêt de hêtres et de chênes traversée d'allées forestières est une sortie traditionnelle des familles rouennaises le week-end. Depuis 1966, les enfants peuvent approcher de près quelques biches et sangliers dans le **parc animalier**, tandis que l'**arboretum** invite au voyage à travers sa flore venue des quatre coins de la planète.

Val-de-la-Haye.

❹ MANOIR DE VILLERS ET SON JARDIN**

Implantée « entre cour et jardin », la façade à colombages sous une cascade de toits de tuiles n'a plus grand-chose à voir avec la petite seigneurie du XVIe s. Le parc historique de 8 ha, labellisé Jardin remarquable, rend hommage, de sa pièce d'eau à son enclos des camélias, à la rigueur des grands jardins classiques à la française et au charme des parcs anglais. Les plus curieux pourront prolonger cette visite par un tour guidé dans la demeure.

À Saint-Pierre-de-Manneville. 30, route de Sahurs • ☎ 02 35 32 07 02 • www.manoirdevillers.com.
Manoir : Avr.-oct. : sam. 14h30-17h30, dim. et j.f. 15h-18h30 • Entrée : 7 €.
Parc et chalet : Mai-sept. : sam.-mer. 14h30-17h30 • Entrée : 5 €.

❺ CHEMIN DE HALAGE À SAHURS***

Tout le long de la Seine, des sentiers de halage permettaient aux navires tirés par des chevaux de remonter le courant. Mais cette portion des berges, face au joli bourg de La Bouille, est entrée dans la postérité grâce au tableau d'Alfred Sisley *Le Sentier au bord de l'eau à Sahurs, le soir* (1894), à voir au musée des Beaux-Arts de Rouen.

Se garer sur les quelques places en bord de Seine, avant le bac de Sahurs.

Pause bistronomique : café de la Poste

Le chef Grégory Derasse, qui officie à La Maison Blanche voisine, (p. 58) a eu l'ingénieuse idée de donner un coup de jeune à cette brasserie des bords de Seine. La déco est sobre et la carte se concentre sur quelques plats tradi (les moules) et modernes (les burgers et le fish & chips).

● 20 • La Bouille. 6, pl. du Bateau • ☎ 02 32 11 39 96 • Avr.-oct. : mar.-dim. 9h-23h, nov.-mars : mar.-mer. 9h-14h, jeu.-sam. 9h-23h.

❻ LA BOUILLE***

La Bouille devient dès le XVIe s. un bourg-étape où, en attendant d'embarquer vers Rouen, les voyageurs se sustentent dans ses auberges. Lorsque la navigation à vapeur apparaît, la réputation de la petite cité ne fait que s'accroître, et Parisiens et Normands s'entichent de cette villégiature. Le natif le plus illustre de la commune est Hector Malot (p. 41), l'auteur de *Sans famille*, dont la maison natale est située 35, quai Hector-Malot. Son buste trône sur le petit square devant l'église.

❼ CHÂTEAU ROBERT-LE-DIABLE**

Surplombant la vallée de la Seine, en bordure de l'A13, la silhouette à moitié effondrée de la forteresse a été construite sur les ruines d'un ancien château où aurait séjourné Richard Cœur de Lion. Elle doit son nom à un héros plus légendaire qu'historique : Robert le Diable, noble cruel et coléreux, devenu ermite par pénitence et vainqueur des Sarrasins.

À Moulineaux • Avr.-oct. : t.l.j. 10h-18h30 ; nov.-mars : t.l.j. 10h-16h30 • Accès libre ; intérieur et fossés fermés.

Abbaye de Jumièges

❽ CHÂTEAU DU TAILLIS / MUSÉE AOÛT 1944*

L'élégante façade XVIIIe s. du château du Taillis, entouré d'un vaste parc à l'anglaise, s'aperçoit depuis la route. Dans une dépendance se cache un surprenant petit musée. De la campagne de France à la bataille de Normandie, le quotidien des armées comme des civils est mis en scène à travers des vitrines à échelle 1.

À Duclair. Hameau Saint-Paul • ☎ 02 35 37 95 46 • www.chateau-du-taillis.com • 1er mai-15 oct. : mer.-dim. 10h-12h et 14h-17h • Entrée : 5 € • Animations régulières le w.-e. au château : visite privée, *murder party*...

❾ ABBAYE SAINT-PIERRE DE JUMIÈGES***

Joyau de la vallée de la Seine, l'abbaye de Jumièges fut un des plus importants monastères d'Occident. Ses vestiges uniques en Europe racontent mille ans d'histoire de la Normandie. Enserrées dans la verdure d'un jardin à l'anglaise, les hautes tours et la nef à ciel ouvert deviennent une icône des paysages romantiques. Victor Hugo, Lamartine, le peintre anglais Turner y puisent leur inspiration. Aujourd'hui dédiée aux arts visuels, l'abbaye de Jumièges propose régulièrement des expositions photographiques au logis abbatial, l'installation d'œuvres de *land art* dans le parc, des rencontres, ateliers...

À Jumièges. 24, rue Guillaume-le-Conquérant • ☎ 02 35 37 24 02 • www.abbayedejumieges.fr • De mi-avr. à mi-sept. : t.l.j. 9h30-18h30 ; de mi-sept. à mi-avr. : t.l.j. 9h30-13h et 14h30-17h30 ; f. 1er janv., 1er mai, 1er et 11 nov. et Noël • Entrée : 6,50 € • App. Jumièges 3D.

⑩ LA ROUTE DES FRUITS★★

Blotti dans une ample boucle de la Seine ourlée de falaises blanches, le territoire entre Duclair et Notre-Dame-de-Bliquetuit jouit d'un microclimat particulièrement propice à l'arboriculture. Dans les vergers du Conihout, et tout au long de la route du halage, les fruits de Jumièges (pommes, cerises...) sont aujourd'hui encore vendus « à la barrière », directement chez le producteur.
De Notre-Dame-de-Bliquetuit à Duclair, itinéraire balisé de 30 km, à faire idéalement à vélo.

⑪ ABBAYE DE SAINT-WANDRILLE★★

Fondé en 649 par Wandrille et Gond, ce monastère survivra à bien des désastres : incursion viking et incendie, guerre de Cent Ans, attaques huguenotes en 1562, Révolution française, bombardements en 1944. Pourtant, derrière la superbe porte classique de Jarente, une petite communauté bénédictine vit toujours dans ses vastes bâtiments du XVIIe s., prend ses repas dans le plus vieux réfectoire d'Occident (1027) et déambule dans le superbe cloître gothique.
À Saint-Wandrille-Rançon. 2, rue Saint-Jacques • ☎ 02 35 96 23 11 • www.st-wandrille.com • Lun.-sam. 10h45-12h30, 14h45-17h, 18h15-19h, dim. et j.f. 9h-9h30, 11h30-12h30, 14h45-16h45, 17h45-19h • Vis. guidée à 11h30, 15h et 16h en juil.-août (4 €) • Accès libre à une partie du domaine • Boutique.

⑫ CENTRE D'ART CONTEMPORAIN DE LA MATMUT★★

Cet ancien fief de l'abbaye de Jumièges, reconstruit à la fin du XIXe s. et racheté par la Matmut en 1969, est aujourd'hui entièrement dédié à l'art contemporain, des cimaises des pièces de réception à ses pelouses ! Il accueille des expositions trimestrielles, des monographies de grands artistes français comme Henri Cueco, Gérard Titus-Carmel, Claude Viallat mais aussi de plus jeunes talents.
À Saint-Pierre-de-Varengeville. 425, rue du Château • ☎ 02 35 05 61 73 • www.matmutpourlesarts.fr • Mer.-dim. 13h-19h ; f. j.f. • Accès libre.

Centre d'Art contemporain de la Matmut

Balade dans le marais DE BOSCHERVILLE

Cette balade, en boucle, chemine au cœur du Parc naturel régional des Boucles de la Seine normande, entre les verts pâturages d'un troupeau de vaches highlands, longe le fleuve sur le chemin de halage, s'enfonce sous le couvert de la forêt de Roumare avant de rejoindre le sentier de découverte du marais.

PRAIRIES VERDOYANTES ET PORTE-CONTAINERS

Après avoir admiré la façade de l'église abbatiale Saint-Georges de Boscherville, vous empruntez la chaussée Saint-Georges en direction de la Seine. Un élevage de vaches écossaises, les highlands, à la longue robe brun-roux et aux longues cornes, broute paisiblement l'herbe grasse de la vallée. Au bout de 2 km, le paysage fluvial se déploie à vos pieds. En suivant le chemin de halage, après avoir franchi la barrière, vous pourrez observer le ballet incessant des péniches et porte-containers sur les flots et découvrir le piège à déchets puis le marais.

Autre idée de promenade : le jardin des plantes de Rouen

Cet ancien jardin privé de 8 ha, lieu de promenade et conservatoire botanique, offre aux visiteurs un parcours fleurant bon le XIXe s. avec sa roseraie, ses parterres d'iris, sa collection de fuchsias, sa grande perspective à la française, ses bassins, son orangerie, ses serres, ses volières et son jardin mellifère !

114 ter, av. des Martyrs-de-la-Résistance, Rouen • Nov.-fév. : t.l.j. 8h-17h30 ; mars-avr. et sept.-oct. : t.l.j. 8h-18h45 ; mai-août : t.l.j. 8h-20h15.

LE MARAIS

Au Moyen Âge, la Seine, beaucoup moins endiguée, pouvait divaguer sur deux kilomètres de large. Les terres étaient alors régulièrement inondées. Chargés de pomper l'eau et de consolider les fossés, les saules blancs, plantés sur les talus, découpent aujourd'hui encore le paysage désormais asséché été comme hiver. Cet écosystème particulier reste riche en faune et flore. Les cigognes planent parfois dans les airs tandis que bon nombre d'insectes, de rongeurs ou de chouettes trouvent refuge au creux de ces arbres centenaires.

Dans la forêt de Roumare

LA FORÊT DE ROUMARE

Après avoir dépassé la base nautique d'Hénouville, vous repartez sur la chaussée Bertrand vers l'intérieur des terres où quelques cultures s'épanouissent. La rue des Saules qui longe une petite parcelle cultivée vous permet de gagner la route départementale. Après son passage, vous rejoignez l'impasse de la Pierre-Moulée. La montée sur les coteaux offre de jolis panoramas sur la Seine et les marais. Un sentier vous conduit ensuite dans la forêt domaniale de Roumare jusqu'au GR2© qui la traverse. S'étendant sur 4 000 ha, elle est couverte de feuillus, chênes, hêtres et charmes et plus au sud de conifères. Rien d'étonnant qu'un parcours accrobranche se soit installé ici. À la sortie, prenez le temps d'admirer la vue sur l'abbaye et la vallée. Après avoir suivi le chemin de la diligence et enjambé à nouveau la départementale, vous n'aurez plus qu'à redescendre au village par la route du Mesnil et le sentier de découverte du marais.

Informations pratiques

Départ et arrivée : parking de la mairie de Saint-Martin-de-Boscherville (p. 43).

Durée : 2 h 30 A/R.

Distance : 10 km.

Dénivelé : 136 m.

Balisage : bleu

Niveau : moyen.

Activités

Important axe de transport pour les marchandises, la Seine est aussi un fleuve naturel à la beauté tantôt sauvage, tantôt apprivoisée, à redécouvrir le temps d'une croisière ou d'une virée en canoë-kayak. La campagne recèle d'autres trésors, lacs où se baigner et sous-bois ombragés où chevaucher. Quant aux urbains qui préfèrent rester entre quatre murs, ils auront leur lot aussi à Rouen !

CANOË-KAYAK À VERNON

Installé à Vernonnet, dans le parc du château des Tourelles, le club SPN de Vernon est classé en première division nationale et forme depuis des années des champions de la discipline. Il propose aussi pour les amateurs d'exploration musclée en eau douce des canoës, kayaks et stand-up paddle à la location à la demi-journée et à la journée. Depuis la base, vous pourrez pagayer sur la Seine ou un de ses bras, ou partir sur les rivières voisines, l'Eure ou l'Epte.

Base de loisirs Les Tourelles, stade Porte de Normandie, Vernon • ☎ 02 32 21 94 97 ; 06 61 77 20 27 ; 06 79 79 56 71 • Permanents.

La véloroute du Val de Seine

Les 120 km aménagés au plus près des méandres de la Seine entre Elbeuf et Le Havre empruntent des chemins de halage, pistes cyclables, quais urbains, voies partagées sur des petites routes tranquilles et traversée gratuite à bord des bacs. Bon à savoir : le bureau d'informations touristiques de Jumièges loue des VTC adulte et enfant à la demi-journée (9,50 €) et à la journée (11,50 €).

114 ter av. des Martyrs-de-la-Résistance, Rouen • T.l.j. 8h-17h30 (nov.-fév.), 18h45 (mars-avr. et sept.-oct.), 20h15 (mai-août).

ckv@gmail.com • www.canoe-kayakvernon.org • Location à la demi-journée : 30 € (kayak), 25 € (kayak et paddle), à la journée : 40 € et 35 €.

Escape game au donjon de Rouen

PROMENADE ÉQUESTRE

À Canteleu, le jeune couple Benjamin et Élise Grandjacques van Colen s'occupe avec passion du centre équestre Le Haras du Loup. Ce domaine, situé en lisière de forêt, s'étend sur 30 ha et offre de jolis itinéraires de randonnées à découvrir à cheval ou, pour les plus petits, à poney.

40, route de Sahurs, Canteleu • ☎ 06 59 38 58 40 • Promenade accompagnée d'1 h à cheval 46 €, poney 20 €.

ÉNIGMES AU DONJON

Dernier vestige du château construit par le roi de France Philippe Auguste (1180-1223), la tour cylindrique où fut emprisonnée Jeanne d'Arc avant son procès abrite un *escape game* plus vrai que nature.

Le Donjon de Rouen, rue Bouvreuil • reservation@donjonderouen.com • www.donjonderouen.com • Mar.-dim. 14h-16h • Accès libre.

Escape game : mar., mer. et dim. 16h30-22h, jeu.-sam. 16h30-23h30 • Session de jeu de 60 min (groupe de 3 à 8 joueurs) : 105 €.

CROISIÈRE D'UNE JOURNÉE ENTRE ROUEN ET LA BOUILLE

La navigation sur un fleuve garde aujourd'hui encore un parfum très XIXe s. La vitesse de croisière plus lente, les berges d'abord colonisées par les infrastructures portuaires puis plus bucoliques, le croisement avec les péniches et cargos colossaux, les vols de mouettes et goélands nous renvoient des images intemporelles. À bord du *Lutèce*, vous profiterez de cette balade fluviale avant de faire une longue pause déjeuner à La Bouille (p. 45), adorable bourg qui inspira les impressionnistes.

Réservation ☎ 06 24 62 17 12 • www.normandie-croisieres.fr • Circuit : Rouen/La Bouille/Rouen • Croisière à la journée (11h-17h30) • 24 €. (sans repas).

Les coups de cœur DE NOTRE AUTEUR

LA FERME DE LA HAUTE CRÉMONVILLE

Le lieu est magique, mais cela ne suffirait pas pour nous détourner de notre route. La promesse du tour de main expert d'Henry Potier, ancien chef étoilé, finit de nous allécher... **p. 54**

BISTRO NOVA

Apôtre de la *slow food* et du locavore, la jeune équipe de Bistro Nova prêche donc la bonne bouffe et on adhère. En bonus : la terrasse sur la place, les patrons, serveurs et clients sympas ! **p. 56**

La Buvette du Robec

LES CANISSES

Eh non ! Les guinguettes ne sont pas forcément désuètes. Aux Canisses, l'ambiance est plutôt DJ set et seuls les cocktails valsent entre les doigts. C'est cool et festif ! **p. 59**

LA BUVETTE DU ROBEC

Dans un repaire rétro-kitsch, entre pochettes de disques vinyle, fleurs en plastique et fauteuils de Skaï ou, à la belle saison, sur la petite terrasse, on sirote une bière ou une grenadine. **p. 59**

AUTOUR D'UN SAVON

La jolie devanture à l'ancienne colle parfaitement avec la gamme de produits proposés : des savons tout simples et bio qui auraient pu appartenir à nos grands-mères. **p. 61**

MAISON PINEL

La Maison Pinel repère depuis des générations les meilleurs artisans du terroir de la région. On peut ici faire ses emplettes : rillettes, terrines, tripes, teurgoule, calvados. **p. 62**

Restos & bistrots
RÉGION DE ROUEN

De Giverny à Rouen (Visite 1 - p. 22)

RESTAURANT DU MUSÉE BAUDY
Bistrot ①

La longue façade rose de l'ancien hôtel Baudy fait partie des lieux incontournables de Giverny. C'est ici en effet que descendaient les amis de Claude Monet, Paul Cézanne, Auguste Renoir, Alfred Sisley... Le restaurant cultive cet héritage. Grands classiques de la maison : l'omelette Baudy faite au confit de canard ; la gratinée de crêpes au demi-camembert fondant ; la pomme au four tiède garnie de frangipane. Vaste terrasse sur le devant et roseraie à l'arrière, où l'on peut se promener.

À Giverny. 81, rue Claude-Monet • ☎ 02 32 21 10 03 • Fin mars-oct. : t.l.j. 10h-23h30 • Pas de résa possible le midi, service de 11h30 à 16h30 (16h le dim.) ; résa conseillée le soir, service de 18h30 à 21h30 • Assiette complète : 18,50 € ; menu : 29,90 €.

LE BISTROT DES FLEURS
Bistrot ②

Une salle toute en longueur, bordée de banquettes, au fond, un grand comptoir sur lequel les habitués aiment déjeuner.

Restaurant du musée Baudy

La ferme de la Haute Crémonville

Marie-Astrid Hermier, la chef aux pianos, excelle à revisiter les classiques. L'ardoise est revue chaque jour. Le plus ? Une carte des vins au verre bien fournie.

À Vernon. 73, rue Carnot • ☎ 02 32 21 29 19 • Mar.-sam. 12h-14h et 19h-21h30 • Menu : 21 €.

LA FERME DE LA HAUTE CRÉMONVILLE
Cuisine traditionnelle ③

On ne peut qu'être sensible au cadre enchanteur de ce coin de campagne en retrait du monde (on y a tourné une scène de *La Boum*). En harmonie avec la ferme à colombages, la cuisine du chef Henry Potier (ancien étoilé) est authentique et un brin nostalgique. Un bel hommage aux saveurs d'antan : terrine de campagne, poule au pot, pain perdu.

À Saint-Étienne-du-Vauvray. Route de Crémonville • ☎ 02 32 59 14 22 • F. mer. soir, sam. midi et dim. • Menu à 31 € ; plat : de 18 à 25 € à la carte.

HÔTEL SAINT-PIERRE
Gastronomique ④

Sis au bord de l'eau, l'hôtel évoque les villas de la côte normande. Vous pourrez y goûter des mets raffinés et abordables en y déjeunant ou dînant en semaine. Œuf bio au velouté d'artichaut, filet de rascasse et caviar d'aubergine, « Big Chou » façon tropézienne sont un extrait d'une carte renouvelée au gré des saisons.

À Saint-Pierre-du-Vauvray. 6, chemin de la Digue • ☎ 02 32 59 93 29 • Lun.

et sam. 19h-21h, mar.-ven. 12h-13h30 et 19h-21h • Formule midi en sem. (1 entrée + 1 plat ou 1 plat + 1 dessert) : 20 € ; menu soir : 30 €.

VOIR AUSSI

La Capucine | p. 24 | ⑤

Rena Hay Tort | p. 27 | ⑥

Rouen (Visite 2 - p. 30)

ROTOMAGUS
Viandes ⑦

Ce nouveau restaurant jouit d'un des plus beaux emplacements de la ville face à l'église Saint-Maclou. Entre sa terrasse et ses hautes verrières, Rotomagus sait en faire profiter ses clients. Autre atout majeur, la provenance et la maturation des viandes. Le bœuf, qu'il vienne d'Argentine, d'Uruguay ou d'Australie, en tartare, carpaccio, burger ou cuit à la braise, est juste inoubliable. Une étape obligatoire pour les carnassiers.
7, place Barthélemy • ☎ 02 35 07 26 57 • Lun.-mar et jeu.-ven. 12h-14h30 et 19h15-22h ; sam. 19h15-22h ; f. merc. et dim. • Formule midi (entrée, plat, dessert) : 20 € ; à la carte le soir.

RODOLPHE
Gastronomique ⑧

Rodolphe Pottier reçut l'honneur d'être le plus jeune chef étoilé de France en 2017. Ouvert en 2015, son restaurant permet à ce prodige des pianos d'inventer chaque jour un menu unique à faire sourire les papilles. C'est frais et plein d'émotions.
35, rue Percière • ☎ 02 35 73 32 58 • F. sam. midi et dim., lun., 3 sem. en août, 1 sem. en mai et en janv. • Menu midi en sem. : 32 € ; menu soir : 50 et 70 €.

L'ESPIGUETTE
Brasserie ⑨

Le vrai zinc en étain, l'ardoise où sont inscrits quotidiennement les plats maison, le casier à serviettes des clients réguliers, la bonhomie du patron et des employés donnent à cette adresse un charme et une patine particuliers. Les assiettes, pressée de lapin à

Rodolphe

l'estragon, gigot de sept heures, baba au rhum, confirment qu'on est ici entre de bonnes mains.

25, place Saint-Amand • ☎ 02 35 71 66 27 • Mar.-sam. midi et soir, dim. et lun. uniquement par beau temps • Plat : env. 20 €.

BISTRO NOVA
Slow Food ⑩

Ici, *slow food* rime avec fantaisie. Chaque jour, le menu change avec juste trois choix pour chaque étape du repas. La cuisine s'appuie sur des produits frais sélectionnés auprès de fournisseurs locaux. Inutile de préciser que l'établissement fait un tabac. Réservation impérative.

Bistro Nova

29, place du Lieutenant-Aubert • ☎ 02 35 70 20 25 • Mar.-sam. midi et soir • Entrée : de 5 à 7 € ; plat : de 12 à 15 € ; dessert : 6 €.

SEINE & QUAI
Poissons et crustacés ⑪

Sur les quais réhabilités de la rive gauche, Seine & Quai joue avec doigté la carte déco, fauteuils colorés et suspensions noires. Dès les beaux jours, on profite de sa grande terrasse surplombant la Seine pour savourer les belles assiettes de fruits de mer, des poissons à la cuisson parfaite et le tout à des prix très raisonnables.

Hangar 10, quai Ferdinand-de-Lesseps • ☎ 02 35 00 40 21 • Mar.-sam. 12h-14h et 19h-22h30 ; f. dim. soir et lun. • Formule midi (entrée, plat, dessert) : 21,90 €.

LES GENS HEUREUX
Cuisine française ⑫

Dans une maison à colombages, ce petit restaurant dispose de deux salles : murs en pierres, chaises dépareillées, grande bibliothèque. En été, on se régale aussi en terrasse. La carte est courte : 3 entrés, 4 plats (avec toujours un tartare ou un burger), 3 desserts. D'inspiration régionale ou plus exotique.

196, rue Eau-de-Robec • ☎ 02 77 07 70 72 • Lun.-mar. 12h-14h, jeu.-ven. 12h-14h et 19h-22h, sam. 12h-15h • Menu (entrée, plat, dessert) : 17 €.

LE CAFÉ DE L'ÉPOQUE
Bistrot ⑬

À deux pas du marché Saint-Marc, voici un des plus anciens bistrots de Rouen encore dans son jus avec quelques tables sur le trottoir pour profiter du soleil. Valse quotidienne des plats sur l'ardoise avec quelques irremplaçables comme les frites, les rollmops ou encore le *potjevleesh*. Accueil adorable. Concerts et animations certains samedis soir.
43, rue Armand-Carrel • ☎ 09 51 40 93 26 • Mar.-jeu. 8h-20h, ven.-sam. 8h-23h, dim. 10h-15h • Plat et dessert : 15 €.

COULEUR CAFÉ
Salon de thé/café ⑭

Niché dans une maison à colombages, l'atmosphère y est cosy et les étagères remplies de boîtes de thé et café venus des quatre coins du monde. Selon vos goûts, on vous conseillera avec soin le meilleur cru possible. À déguster sur place ou à rapporter chez vous. Petite terrasse ensoleillée.
130, rue Eau-de-Robec • ☎ 09 81 85 12 07 • Mar.-sam. 9h-19h, dim. 9h-18h • Thé : 2,50 € ; café : 1,50 €.

VOIR AUSSI

L'Empreinte | p. 37 | ⑮

Ströke | p. 38 | ⑯

Jumièges et les boucles de la Seine (Visite 3 - p. 42)

L'AUBERGE DU BAC
Sur le pouce ⑰

Une auberge de campagne, idéalement située sur les berges de la Seine, en contrebas de la célèbre abbaye. L'accueil est des plus prévenants, le décor rustique, la terrasse sur le jardin profite des derniers rayons du soleil et la carte joue les classiques, ailes de raie aux câpres, filet de haddock sauce cajun, bulots mayonnaise, avec modestie et talent.

À Jumièges. 2, rue Alphonse-Callais • ☎ 02 35 37 24 16 • Mer.-dim. midi et soir (t.l.j. midi et soir juil.-août) • Menu midi : 13,50 € ; menu soir : à partir de 18,50 €.

L'Entre-Scène

L'ENTRE-SCÈNE
Cuisine du terroir ⑱

Sise sur les rives de la Seine, juste de l'autre côté du chemin de halage, cette longère normande restaurée est un havre de tranquillité à deux pas des grandes abbayes. Dans son jardin ou dans sa salle cosy, vous goûterez à d'excellents plats du terroir faits maison.

Au Mesnil-sous-Jumièges. 1397, route du Halage • ☎ 02 35 78 48 44 • Mar. et jeu.-sam. 12h-14h30 et 19h-23h, mer. et dim. 12h-14h • Menu : à partir de 15 € ; formule rapide : 10,90 €.

LA MAISON BLANCHE
Cuisine fusion ⑲

Grégory Derasse est un as des fourneaux et un magicien des saveurs. Créatif, il invente des mets exquis à la croisée des chemins. Il fallait oser faire une pastilla de pont-l'évêque ! Autres plus : la vue fantastique sur la Seine et la déco soignée.

À La Bouille. 1, quai Hector-Malot • ☎ 02 35 18 01 90 • Mer.-sam. midi et soir, dim. midi • Menu midi : 24,50 €.

VOIR AUSSI
Café de la Poste | p. 45 | ⑳

Bars, clubs & sorties
RÉGION DE ROUEN

De Giverny à Rouen (Visite 1 - p. 22)

LES CANISSES
Guinguette ①

Lieu multiple, Les Canisses se métamorphose au gré des heures et des usages. On peut y couler de douces nuits dans une des chambres design, profiter de l'été à la Kaniss Beach au fond d'un transat, déjeuner sur la terrasse (menu midi : 17,50 €). Le week-end, Djo balance du bon son à l'apéro-beach en soirée. Le week-end prend des airs de vacances !

à Saint-Pierre-la-Garenne. 1, chemin du halage de la Gare, bord de Seine, Le Goulet • ☎ 02 32 52 20 00 • Restaurant : mai-oct. : t.l.j. ; nov.-avr. : sam.-dim. midi et lun.-sam. soir ; l'été : apéro-beach : ven., sam. et dim. 16h-22h • Programmation des événements en soirée sur FB.

Rouen (Visite 2 - p. 30)

AU P'TI VERDO
Bar à vins ②

Pour trinquer en bonne compagnie et avec du bon vin (sélection de 70 crus au verre ou à la bouteille) tout en partageant de copieuses planches de fromage et de charcuterie. L'ambiance est animée à l'intérieur comme à l'extérieur, et ce, été comme hiver.

11, rue du Père-Adam • ☎ 02 35 36 34 43 • Mar.-sam. 18h-2h.

LA BUVETTE DU ROBEC
Bar ③

Raccord avec l'enseigne à la typographie typique des années 1950, la décoration décalée a été chinée avec soin par le sympathique maître des lieux. Verre de Tariquet, bière locale (la Paillette du Havre), sirop grenadine et assiette apéritive pour caler les petits creux. Aux beaux jours, la terrasse est comble !

219, rue Eau-de-Robec • ☎ 02 35 07 72 28 • Lun. 17h-21h, mar.-ven. 16h-24h ; f. 3 sem. en août et 3 sem. en janv.-fév.

LA FÉE TORCHETTE
Bar à vins et à cocktails ④

The place to be pour les « fée-tards ». Cocktails classiques ou sur mesure, *happy hour* tardive, musique cool, équipe aux petits soins, convivialité contagieuse... Pas étonnant qu'il y ait tant de monde !

So Rouen

21, rue des Augustins • ☎ 02 35 07 73 21 • Lun.-ven. 18h30-2h.

LE 106
Concerts ⑤

« Scène de musiques actuelles de la Métropole », le 106 est logé dans un ancien entrepôt portuaire ripoliné ! Derrière les deux grues Picasso qui sont comme une signature éclairée la nuit, la façade noire et jaune abrite 3 800 m² dédiés au meilleur du son. Deux salles, donc, qui ont une pêche d'enfer, avec plus d'une centaine de dates !

106, quai Jean-de-Béthencourt • ☎ 02 32 10 88 60 • www.le106.com • Programmation sur le site.

HANGAR 23
Concerts, danses, spectacles ⑥

Dans ce hangar bleu vif, la culture respire l'air du large ! Du jazz aux vibrations méditerranéennes, des figures hip-hop aux ballets contemporains, ici, le talent n'a pas de frontière ! Chaque saison d'octobre à juin, une quarantaine de rendez-vous forts.

Presqu'île Waddington (au pied du pont Flaubert) • ☎ 02 32 18 28 10 • www.hangar23.fr

SO ROUEN
Bar, resto, club ⑦

Un espace multicarte et évolutif. Lounge-bar en début de soirée, restaurant avec ou sans spectacle (cabaret, jazz, concert), discothèque à partir de minuit avec DJ set et jeux de lumière, la grande nef industrielle se prête au jeu du transformisme.

Hangar 9, quai Ferdinand-de-Lesseps • ☎ 02 35 23 71 19 • Jeu.-sam. 19h-6h • Cocktail : 10-12 € ; bouteille de vin : 25 € ; entrée club : 15 €.

Boutiques
RÉGION DE ROUEN

De Giverny à Rouen (Visite 1 - p. 22)

AUTOUR D'UN SAVON
Savonnerie ①

Sous la vigne vierge, une devanture coquette. Vous pourrez faire le plein de produits de toilette aux fragrances naturelles discrètes, savons et crèmes, l'ensemble fabriqué en France à partir d'ingrédients bio. Vous pourrez aussi acheter en souvenir de votre virée en terre impressionniste un foulard ou un parapluie comme un tableau.

à Giverny. 107, rue Claude-Monet • ☎ 02 32 51 57 75 • autour-dun-savon-giverny.com • Fin mars-début nov. : t.l.j. 10h-18h30 • Entre 8 et 59 €.

GOURMANDISE DE GIVERNY
Pâtisseries ②

Philippe Chauveau a eu la bonne idée de s'inspirer des recettes appréciées de Claude Monet pour créer une gamme de biscuits intemporels : cakes à l'orange, madeleines au citron, biscuits à la châtaigne, le tout présenté dans un emballage délicieusement rétro.

En vente à Giverny, Fondation Claude-Monet et offices du tourisme de Vernon, Les Andelys et Pacy-sur-Eure.

Rouen (Visite 2 - p. 30)

FAÏENCE SAINT-ROMAIN
Faïence ③

Fondée en 1989, cette maison reprend à la lettre les modèles classiques du Vieux Rouen. De l'émaillage au décor, tout est fait à la main. Un peintre exécute devant les clients les fameux motifs : panier bleu et rouge, frise Guillibaud, coq, chèvrefeuille...

56, rue Saint-Romain • ☎ 02 35 07 12 30 • www.faience-rouen.com • Lun.-sam. 9h-19h, dim. occasionnellement • Compter 200 € en moyenne.

Faïence Saint-Romain

FAÏENCERIES AUGY
Faïence ④

Cela fait presque vingt ans que la famille Augy a repris les rênes de cette faïencerie installée au cœur du quartier médiéval. Chaque pièce est fabriquée ici de A à Z et est ensuite peinte à la main sous vos yeux avant de passer au four une seconde fois. Les assiettes, plats, vases, cruches et autres mugs ou beurriers sont ornés soit de motifs classiques (décor au panier, chèvrefeuille), soit de décors inédits.

26, rue Saint-Romain • ☎ 02 35 88 77 47 • Lun. 14h-18h, mar.-sam. 9h30-19h • Entre 15 et 200 € et au-delà.

MAISON PINEL
Épicerie fine ⑤

Un antre pour les becs sucrés et salés qui trouveront dans les rayonnages des tripes à la mode de Caen, des caramels d'Isigny (3 €), des thés du Comptoir Havrais, des petits gâteaux de La Maison du Biscuit (5 €) et des calvados de différents producteurs (15 €).

15, rue Grand-Pont • ☎ 09 50 70 43 92 • Mar.-sam. 10h-13h et 14h-19h30.

CONFISERIE HÉLOIN
Bonbons ⑥

Cette confiserie est sans doute l'un des plus anciens commerces de la ville puisqu'elle fut ouverte en 1832. Appartenant depuis toujours à la même famille, elle propose une gamme de douceurs

Parfumerie Berry

locales allant des nougats au pain d'épice, des pâtes de pomme aux chocolats. La tradition a du bon !

98, rue des Carmes • ☎ 02 35 71 02 94 • Lun. 14h-19h15, mar.-sam. 9h30-19h (19h30 sam.) • 5,70 €/100g.

PARFUMERIE BERRY
Créateur de parfums ⑦

Cette jolie parfumerie sort des sentiers battus et des grandes marques. Pour toutes celles et ceux qui cherchent une fragrance inédite et distinctive, voici une adresse rare et précieuse. Ils auront le choix entre des parfums chargés d'histoire, les dernières créations de grands nez et des

flacons exclusifs de petites maisons artisanales. La Maison Berry crée aussi ses propres parfums : Cerésia, La Violette de Rouen, Cathédrale...
35, rue Damiette • ☎ 02 35 71 16 54 • Mar.-sam. 11h-19h30 • 80-140 €.

Jumièges et les boucles de la Seine (Visite 3 – p. 42)

LES CONFITURES DE NICOLAS LE MEUR
Confitures artisanales ⑧

Dans son laboratoire vitré, Nicolas, en digne fils de son père, mitonne de succulentes confitures et gelées sans aucun conservateur. Les fruits bio proviennent des vergers voisins, le sucre est naturel, et le résultat un concentré de saveurs. Ses produits phares, la confiture de pommes au calvados et la gelée de cidre au calvados, remportent régulièrement des médailles.
À Mesnil-sous-Jumièges. 5271, chemin du Halage • ☎ 02 35 37 80 50 • Mai-sept. : dim. 13h30-19h ; oct.-avr. : mer.-sam. 14h30-18h30 • 2,70-4 €.

FERME DE LA MARE AU COQ
Produits régionaux ⑨

Vente de confitures de fruits du jardin, terrines et rillettes de canard, conserves, produits cidricoles et laitiers. Spécialités de petits sablés fabriqués à la ferme.
À Jumièges. 3093, route du Mesnil • ☎ 02 35 37 43 57.

Confitures Nicolas Le Meur

Hôtels
RÉGION DE ROUEN

De Giverny à Rouen (Visite 1 – p. 22)

LE JARDIN DES PLUMES

C'est l'histoire d'une renaissance et d'un coup de cœur. Dans son parc au bord d'un étang, la demeure anglo-normande en déshérence a retrouvé l'éclat sous la houlette du chef étoilé Éric Guérin. Ici, pas de pastiche, mais une décoration contemporaine qui sied à merveille au lieu. Voici un cocon délicieux pour une escapade avec option gastronomique possible.

À Giverny. 1, rue du Milieu • ☎ 02 32 54 26 35 • www.jardindesplumes.fr • F. 3 sem. en nov. • Ch. : 215 €.

RÊVES DE NATURE

Deux drôles de petites maisons entre prairie et forêt, façon tipis en bois, sont installées à côté de la fermette familiale et de ses animaux (poules, âne, chèvres…). Des refuges atypiques pour 5-6 personnes avec un coin cuisine et repas, des toilettes et une salle de bains. Attention, pour accéder à l'étage, échelle de meunier !

Aux Andelys. Route des Rouges-Pommiers • ☎ 06 19 72 73 76 • Nuitée pour 2 pers. : 95 € ; 4 pers. : 165 €.

Rouen (Visite 2 – p. 30)

LES INITIÉS

Face à la magnifique façade du palais de justice, ce petit hôtel de poche est une trouvaille. Au-dessus de la brasserie et de sa terrasse très sympa, huit chambres, petites, simples et design, avec salle de bains et WC, sont réparties dans les étages (pas d'ascenseur).

45, rue aux Juifs • ☎ 02 35 71 50 93 • www.lesinitiesrouen.fr • Accueil lun.-ven. 7h30-19h et sam. 8h30-19h • Ch. double vue palais : 76 € ; petit dej. : 7,90 €.

HÔTEL DE LA CATHÉDRALE

Dans une maison à colombages au cœur du charmant quartier piétonnier, l'Hôtel de la Cathédrale cultive son style : toile de Jouy, lustres à pampilles, fauteuils Louis XVI… On aime ici le calme, la courette intérieure pavée et fleurie, et le salon de thé un rien désuet.

12, rue Saint-Romain • ☎ 02 35 71 57 95 • www.hotel-de-la-cathedrale.fr • 26 ch., ascenseur • Ch. double : à partir de 90 € ; petit déj. : 11 €.

HÔTEL FLAUBERT

Un hôtel 4-étoiles à deux pas de la place du Vieux-Marché où chaque étage évoque les terres et voyages de l'homme de lettres. La décoration ne cherche pas la reconstitution mais réinterprète dans un style contemporain et romantique les climats de *Madame Bovary* ou *Salammbô*.
30, rue du Vieux-Palais • ☎ 02 35 71 00 88 • www.hotelgustaveflaubert.com • Ch. double : à partir de 100 €.

LE VIEUX CARRÉ

Dans un hôtel particulier à pans de bois de 1715, l'hôtel du Vieux Carré a le charme des vieilles maisons. Sur la façade, le lierre grimpe, la cour est pavée, et la grande salle de restaurant encombrée de divans, de bibelots et d'une bibliothèque. Les 13 chambres sont dans la même veine.
34, rue Ganterie • ☎ 02 35 71 67 70 • www.hotel-vieux-carre.com • Ch. double : 72 € ; petit déj. : 7,50 € • Restaurant à midi et salon de thé l'apr.-midi.

Jumièges et le parc des boucles de la Seine (Visite 3 - p. 42)

DOMAINE LE CLOS DES FONTAINES

Au cœur des boucles de la Seine, au milieu d'un verger de pommiers, ces belles bâtisses traditionnelles en briques, pierres de taille et colombages, restaurées avec soin, abritent un ravissant hôtel. La grande piscine chauffée est entourée d'un deck où se prélasser. Spa et bar.
À Jumièges. 191, rue des Fontaines • ☎ 02 35 33 96 96 • www.leclosdesfontaines.com • Ch. standard : à partir de 89 € ; petit déj. : 16 €.

HÔTEL LE BELLEVUE

La haute silhouette blanche de l'hôtel se détache du cordon de maisons tapies le long de la Seine. Les 18 chambres ont été rénovées récemment dans un style moderne simple et offrent une vue saisissante sur le fleuve. Au rez-de-chaussée, l'auberge, un peu vieillotte, sert des plats maison savoureux.
À La Bouille. 13, quai Hector-Malot • ☎ 02 35 18 05 05 • www.hotel-le-bellevue.com • Ch. double : à partir de 76 € ; petit déj. : 11 €.

La région
DU HAVRE

En longeant l'étincelante Côte d'Albâtre, sur 130 km, on découvre l'un des paysages normands les plus spectaculaires : un défilé grandiose de falaises de craie blanche plongeant dans la mer, avec ses villages de pêcheurs et ses grandes cités marines attirées par le grand large : Le Havre, Fécamp, Dieppe, Le Tréport. À peine enjambé l'estuaire de la Seine, un envoûtant petit port invite à une autre escale dans le temps : Honfleur. Puis, la Côte Fleurie offre un tout autre décor avec ses interminables plages de sable doré et ses stations balnéaires au charme suranné, nées de la vogue des bains de mer au XIXe s. On goûte ici aux plaisirs du farniente sur fond de villas Belle Époque…

N
MANCHE
Le Tréport
Eu
Varengeville-sur-Mer
Dieppe
Veules-les-Roses
Saint-Valery-en-Caux
Côte d'Albâtre
Offranville
Arques-la-Bataille
Fécamp
Étretat
VISITE 5 p. 76
SEINE-MARITIME (76)
Béthune
Tôtes
Goderville
Yvetot
VISITE 4 p. 70
Bolbec
Lillebonne
Saint-Wandrille
Barentin
Sainte-Adresse
Harfleur
LE HAVRE
Baie de Seine
Honfleur
Pont de Normandie
Seine
Parc nat. rég. des Boucles de la Seine Normande
Jumièges
Saint-Martin-de-Boscherville
ROUEN
Saint-Denis-le-Thiboult
Andelle
Trouville
Deauville
VISITE 7 p. 90
VISITE 6 p. 82
Côte Fleurie
Villers-s.-Mer
Houlgate
Pont-Audemer
Moulineaux
Radepont
Poses
Pont-l'Évêque
Elbeuf
Pont-de-l'Arche
VISITE 8 p. 98
Dives
Touques
Le Bec-Hellouin
Louviers
Gaillon
Lisieux
Le Neubourg
Eure
Risle
CALVADOS (14)
Bernay
Évreux
Saint-Pierre-sur-Dives
Conches-en-Ouche
Falaise
Vimoutiers
Iton
Jumelles
EURE (27)
Chambois
Verneuil-d'Avre-et-d'Iton
L'Aigle
Avre
Argentan
Dreux
EURE-ET-LOIR (28)
ORNE (61)
Sées
Châteauneuf-en-Thymerais
Carrouges
0
10
20 km

Infos pratiques
RÉGION DU HAVRE

COMMENT VENIR DANS LA RÉGION

En voiture : L'A13 est l'axe d'accès depuis **Paris,** pour rejoindre **Le Havre** (Paris-Le Havre : 204 km), mais il y a deux accès possibles : l'A13 jusqu'à Bourneville, puis l'A131 en empruntant le pont de Tancarville ; ou l'A13 jusqu'à Beuzeville et l'A29 qui passe par le pont de Normandie. Les deux ponts sont à péage. Pour **Dieppe** (Paris-Dieppe : 200 km), empruntez l'A13 jusqu'à Rouen, l'A150, l'A151 et la N27. **Le Tréport** est à 2 h 20 de Paris par l'A16 jusqu'à Abbeville et la D925. Pour relier **Honfleur** (Paris-Honfleur : 202 km), empruntez l'A13, puis l'A29 après le péage de Beuzeville. Pour **Deauville et Trouville** (Paris-Deauville : 205 km), il suffit de continuer sur l'A13, puis de bifurquer sur l'A132 jusqu'à Canapville. Vous rejoindrez les deux stations par la D677. **De province,** trois autres axes permettent de relier le littoral : l'**A28** est l'accès nord-sud (Tours-Abbeville) ; l'**A29** relie Amiens au Havre et l'**A84** à partir d'Avranches et de Caen.

En bus : Ouibus et Flixbus desservent Le Havre, Étretat, Dieppe, Honfleur, Deauville et Cabourg. **Ouibus : ☎ 0892 68 00 68, www.ouibus.com Flixbus : ☎ 01 76 36 04 12, www.flixbus.fr**

En train : plusieurs grandes villes sont desservies **depuis Paris gare Saint-Lazare** : Le Havre (2 h 15), Dieppe (2 h 10 avec correspondance à Rouen), Fécamp (2 h 30 avec correspondance à Bréauté-Beuzeville), Trouville-Deauville (2 h), Dives-Cabourg (2 h 45 avec correspondance à Trouville-Deauville).

PRINCIPAUX OFFICES DE TOURISME

Office du tourisme du Havre : 186, bd Clemenceau • ☎ 02 32 70 04 04 • www.lehavretourisme.com

Office du tourisme d'Étretat : place Maurice-Guillard • ☎ 02 35 27 05 21 • www.etretat.net

Office du tourisme de Honfleur : quai Lepaulmier • ☎ 02 31 89 23 30 • www.ot-honfleur.fr

Office du tourisme de Deauville : Résidence de l'Horloge, quai de l'Impératrice-Eugénie • ☎ 02 31 14 40 00 • www.indeauville.fr

CIRCULER DANS LA RÉGION

La voiture est indispensable pour explorer les valleuses (vallée donnant accès à la mer) de la Côte d'Albâtre, accessibles par de petites routes. Sur la Côte Fleurie, la N177 est aussi la route des retours de plage : gare aux fameux embouteillages du dimanche soir !

Les bus Keolis de Seine-Maritime desservent les principales localités de la Côte d'Albâtre (trajet 2 € ; 12 € le carnet de 10 tickets) : ligne 24 (Le Havre-Étretat-Fécamp), ligne 60 (Fécamp-Saint-Valery-en-Caux), ligne 61 (Saint-Valery-en-Caux-Dieppe), ligne 68 (Dieppe-Le Tréport-Mers-Eu). La ligne 20 des **Bus Verts du Calvados** dessert toutes les villes de la Côte Fleurie de Honfleur à Cabourg.

Bus Verts : ☎ 0810 21 42 14 • www.busverts.fr ; Keolis : ☎ 02 35 28 19 88 • www.keolis-seine-maritime.com

Des trains relient Le Havre à Fécamp (45 min) et à Dieppe (env. 2 h avec correspondance à Rouen), et Trouville-Deauville à Dives-Cabourg (30 min). Pas de train pour Honfleur.

Le port de Dieppe

QUELQUES DISTANCES PAR LA ROUTE

Le Havre-Rouen : 90 km • **Le Havre-Caen :** 98 km • **Le Havre-Mont-Saint-Michel :** 222 km • **Le Havre-Dieppe :** 114 km • **Le Havre-Le Tréport :** 143 km • **Le Havre-Honfleur :** 25 km • **Le Havre-Deauville :** 43 km • **Le Havre-Cabourg :** 78 km • **Honfleur-Deauville :** 15 km • **Honfleur-Cabourg :** 47 km • **Étretat-Dieppe :** 83 km.

4 Le Havre ET SES ENVIRONS

● Restos & bistrots p. 111 ● Bars, clubs & sorties p. 121 ● Boutiques p. 125

Cité aérée baignée des étonnantes lumières de l'estuaire, berceau des impressionnistes, laboratoire architectural de béton gris, doré, rosé ou argenté, escale des plus gros cargos du monde et de majestueux paquebots, Le Havre surprend et séduit avec sa plage en pleine ville, ses musées palpitants et ses nuits hautes en couleur.

Au patrimoine mondial de l'Unesco

Détruit à 80 % lors des bombardements de 1944, le centre-ville du Havre est le premier site reconstruit inscrit au patrimoine mondial par l'Unesco (2005). Modèle d'urbanisme salué dans le monde entier, la ville neuve imaginée par l'architecte visionnaire Auguste Perret, le poète du béton, fait la part belle aux larges avenues et aux lignes droites, où l'air et la lumière circulent en toute liberté. Sur 150 ha, le rigoureux damier d'immeubles bas et de tours verticales promet une balade monumentale et de larges perspectives vers le ciel et l'océan.

Ne manquez pas **l'hôtel de ville** (visites guidées en juil.-août) et son beffroi de 74 m de haut : au sommet, la vue sur la ville et le port est extraordinaire. Longez les arcades de la **rue de Paris**, aux airs de rue de Rivoli, et arpentez l'**avenue Foch**, l'une des plus larges d'Europe (80 m). À son extrémité, l'ensemble monumental de la **Porte Océane** symbolise le passage de la ville à la mer.

Appartement témoin

❶ MAISON DU PATRIMOINE – ATELIER PERRET*

Cet espace d'accueil dédié au centre reconstruit organise expos, ateliers, projections, débats, conférences et visites guidées, et vous renseigne sur les différentes façons de découvrir la ville.

181, rue de Paris • ☎ 02 35 22 31 22 • Avr.-oct. : t.l.j. 10h-13h et 14h-18h ; nov.-mars : lun.-sam. 14h-18h, dim. 10h-13h et 14h-18h • Entrée libre.

Appartement témoin***

Découvrez l'envers du décor et faites un bon dans les années 1950 ! Reconstitué à l'identique, cet appartement type dessiné par l'atelier Perret en 1946 a servi de modèle à la reconstruction de 10 000 logements pour les sinistrés de guerre. Lumineuse et fonctionnelle, l'habitation frappe par sa modernité avec cuisine et salle de bains intégrées, vide-ordures, chauffage collectif… Mobilier de série (les débuts du design !) et objets du quotidien ajoutent au charme de la visite.

Vis. guidée ; juil.-août : t.l.j. 10h30, 11h30, 12h30, 14h30, 15h30, 16h30 ;

avr., mai, juin et sept. : lun.-ven. 15h30, 16h30, ven.-dim. et j.f. 11h30, 14h30, 15h30, 16h30 ; hors saison : se rens. • Entrée : 5 €, gratuit 1er sam. du mois.

❷ LE VOLCAN**

Appelé affectueusement « le pot de yaourt » par les Havrais, le célèbre Volcan dessiné par l'architecte brésilien Oscar Niemeyer (1907-2012) télescope ses courbes d'un blanc éclatant aux lignes droites des immeubles Perret. Au nord, une grande main de bronze, celle de l'architecte, jaillit du mur de béton blanc. Inaugurée en 1982, l'ex-Maison de la culture est devenue Scène nationale en 1991.

Pl. Oscar-Niemeyer • ☎ 02 35 19 10 20 • www.levolcan.com

❸ BIBLIOTHÈQUE OSCAR-NIEMEYER***

En face du Volcan, le Petit Volcan, métamorphosé en bibliothèque en 2015, est un superbe cocon de 5 000 m² baigné de lumière grâce à une verrière. Ouvert à tous, c'est un lieu accueillant avec café, salles de lecture, salons cinéma, musique et presse, bornes d'écoute, tablettes numériques et fauteuils vintage ou futuristes. Certains occupent des niches en verre flottant au-dessus des collections. Saisissant !

Pl. Oscar-Niemeyer • ☎ 02 35 19 70 00 • Mar.-dim. 10h-19h (vac. scol. : mar.-sam. 10h-17h).

❹ ÉGLISE SAINT-JOSEPH***

Phare au-dessus du Havre avec sa tour-lanterne de 107 m de haut, le chef-d'œuvre d'Auguste Perret a des airs de gratte-ciel new-yorkais. Élevé à la mémoire des victimes des bombardements de 1944, l'édifice en béton armé est baigné d'une lumière quasi surnaturelle grâce aux 12 768 verres colorés de Marguerite Huré. Un

Maison-musée de l'Armateur

enchantement au soleil couchant !
Bd François-Ier • ☎ 02 32 74 04 04 • T.l.j. 10h-18h.

❺ MAISON-MUSÉE DE L'ARMATEUR★★★

Voici le musée le plus insolite du Havre ! Construite vers 1790 par l'architecte des fortifications de la ville, cette maison fut la propriété d'un riche négociant-armateur. Autour d'un superbe puits de lumière octogonal se déploient cinq niveaux circulaires. Chambres, salle à manger, salon de musique, cabinet de curiosités et bibliothèque évoquent le mode de vie luxueux d'une famille de négociants à la fin du XVIIIe s.
3, quai de l'Île • ☎ 02 35 19 09 85 • T.l.j. sf mar. 10h-12h30 et 13h45-18h (nov.-mars : 10h30-12h30 et 13h45-17h30) ; f. certains j.f. • Vis. guidée : sam. 11h et 15h30 (sf 1er sam. du mois), dim. 11h • Entrée : 7 €, gratuit 1er sam. du mois.

❻ MUSÉE DUBOCAGE DE BLÉVILLE★★

La remarquable demeure du XVIIe s. appartenait à la famille Dubocage de Bléville, dont le plus célèbre représentant fut Michel-Joseph (1676-1727), navigateur et négociant. Le musée en conserve des portraits et retrace l'histoire du Havre et de son port, des constructions navales à l'épopée des transatlantiques.
1, rue Jérôme-Bellarmato • ☎ 02 35 42 27 90 • Mêmes horaires que le musée de l'Armateur ; jardin ouv. t.l.j. • Vis. guidée : dim. 15h30 • Entrée libre.

Pause intello : le café de la Galerne

Incontournable au Havre, cette vaste librairie indépendante accueille dans son café les amoureux des livres pour une pause déjeuner ou un thé.
7 • 148, rue Victor-Hugo • ☎ 02 35 43 22 52 • Lun.-sam. 10h-19h.

❼ CATHÉDRALE NOTRE-DAME★★

Emportée par un raz de marée en 1525, pillée par les huguenots en 1575, ravagée par les bombes en 1944, c'est, malgré des ajouts postérieurs, l'un des rares témoins de la ville du XVIe s. Le monument s'élève sur un grand parvis souhaité par Auguste Perret, qui voulait mettre en valeur ce sanctuaire ancien dans la ville moderne. Il abrite les grandes orgues offertes

par Richelieu et un chemin de croix provenant de la chapelle du paquebot *Normandie*.
Rue de Paris • T.l.j. 10h-18h.

❽ MUMA★★★

Lumineux cube de verre ancré au bord de la mer, le musée d'Art moderne André-Malraux collectionne les chefs-d'œuvre : *Les Falaises de Varengeville* et *Les Nymphéas* de Monet, *Portrait de Nini Lopez* de Renoir, *Bateaux en mer, soleil couchant* de Manet... On y admire la plus importante collection impressionniste de France après le musée d'Orsay ! Les œuvres de Boudin, Gauguin, Pissarro, Degas, Courbet ou Corot y côtoient celles des fauves Braque, Dufy, Marquet, Friesz et Van Dongen. Une visite indispensable !
2, bd Clemenceau • ☎ 02 35 19 62 62 • www.muma-lehavre.fr • Mar.-ven. 11h-18h, sam.-dim. 11h-19h ; f. certains j.f. • Entrée : 7 € (10 € avec expo temporaire), gratuit 1er sam. du mois.

❾ PORT★★★

Fondé en 1517 par François Ier et célèbre pour ses chantiers navals (c'est le berceau du *France* et du *Normandie*), le port du Havre est aujourd'hui le premier port français où se croisent porte-conteneurs et luxueux paquebots. Le *Ville du Havre II* vous emmène à la découverte de ces géants des mers et des infrastructures portuaires, dont l'écluse François Ier (la plus grande d'Europe en son temps), qui se déploient sur 27 km dans l'estuaire de la Seine.
Visite à bord du bateau *Ville du Havre II* : 125, bd Clemenceau, digue Olsen • ☎ 06 16 80 24 10 • www.visiteduport-lehavre.fr • Visites mars-nov. : horaires sur le site Internet • Entrée : 14 €.

La promenade

⑩ FRONT DE MER**

Du MuMa à Sainte-Adresse, ce long ruban invite à la balade. Après le port de plaisance, la **plage** déroule 2 km de sable et de galets. On y trouve un skatepark, une **promenade** et des terrasses fréquentées dès les beaux jours. En chemin, ne manquez pas le **Transatlantique** (152, bd Clemenceau), bel immeuble Art déco aux airs de paquebot, et l'imposante **Villa Maritime** (66, bd Albert-Ier) de 1890.

⑪ SAINTE-ADRESSE**

L'architecture balnéaire du Nice Havrais de Georges Dufayel, les villas anglo-normandes, la maison de Sarah Bernhardt, l'estacade des Régates immortalisée par Monet et Dufy, l'étonnant **Pain de sucre** (un cénotaphe servant d'amer édifié par une veuve éplorée), la chapelle **Notre-Dame-des-Flots** et le superbe panorama sur Le Havre depuis le Cap de la Hève sont autant de bonnes raisons de se promener à Sainte-Adresse, la destination week-end des Havrais.

Les Jardins suspendus

Ancien fort militaire du XIXe s. reconverti en jardins du monde, les Jardins suspendus rendent hommage aux botanistes et explorateurs partis du Havre et revenus de leurs expéditions avec des espèces de plantes rares. Les serres de collections renferment des trésors végétaux et le panorama sur la ville et l'estuaire est à couper le souffle !

Rue du Fort et rue Albert-Copieux
- T.l.j. 10h30-20h (oct.-mars : 17h)
- Entrée libre ; visite des serres : 2 €.

Musée du Prieuré

⑫ HARFLEUR**

À l'est du Havre, Harfleur est un village traversé par la Lézarde, dont les berges offrent une promenade romantique. Ville royale au XIIIe s., port souverain de Normandie, Harfleur cède sa place au Havre après son envasement au XVIe s. Son riche patrimoine compte des maisons à pans de bois, un hôtel de ville logé dans un **château du XVIIe s.**, l'**église gothique Saint-Martin**, couronnée d'une flèche de 83 m, et le **musée du Prieuré**.

Office de tourisme : ☎ 02 35 13 30 09.

5 La Côte d'Albâtre, D'ÉTRETAT AU TRÉPORT

● Restos & bistrots p. 113 ● Bars, clubs & sorties p. 122 ● Boutiques p. 126

Le regard est ici happé par le panorama, déroulant ses vertigineuses falaises de craie blanche, ses eaux d'un vert laiteux, ses plages immenses pour promeneurs solitaires, ses verts pâturages et ses champs de lin bleutés. D'anciens villages de pêcheurs en petites stations balnéaires, on s'y promène comme dans une toile impressionniste.

❶ ÉTRETAT***

Il suffit d'un regard pour tomber amoureux de ce petit port unique avec son aiguille et ses portes creusées dans la falaise. Rendu célèbre dans le monde entier par les plus illustres artistes et écrivains, Étretat continue d'attirer les foules sur sa **plage de galets** et sa promenade du Perrey. Les villas extravagantes, comme le **château des Aygues**, ancienne résidence d'été des reines d'Espagne, y racontent les heures glorieuses du petit village de pêcheurs propulsé station balnéaire à la mode au XIXᵉ s. À voir aussi, les **halles en bois** de 1926 et l'ancien parc à huîtres de Marie-Antoinette, qui se dévoile à marée basse.

Château des Aygues : route de Fécamp • ☎ 02 35 28 92 77 • chateaulesaygues.free.fr • Juil.-sept. • visite guidée sur r.-v. • Entrée : 8 €.

Les falaises d'Étretat***

Les sentiers qui surplombent la Manche de part et d'autre du village réservent des panoramas renversants. Immortalisées par Monet, Boudin et Courbet, les célèbres falaises livrent un époustouflant spectacle minéral. La falaise d'Aval invite à l'imagination avec son immense arche – que Maupassant comparait à un éléphant trempant sa trompe dans la mer –, son Aiguille de 51 m popularisée par les aventures d'Arsène Lupin, son tunnel du Trou de l'Homme et sa monumentale arcade de la Manneporte. La falaise d'Amont accueille la **chapelle Notre-Dame-de-la-Garde** et le monument Nungesser-et-Coli, hommage aux deux aviateurs disparus qui tentèrent la première traversée de l'Atlantique le 8 mai 1927.

Étretat

Clos Lupin – Maison Maurice Leblanc*

C'est dans la maison de vacances de Maurice Leblanc qu'est né le fameux personnage d'Arsène Lupin. Le parcours audioguidé, ludique et mystérieux, vous invite dans l'univers secret du célèbre gentleman cambrioleur et dans l'intimité de son créateur.

15, rue Guy-de-Maupassant • ☎ 02 35 10 59 53 • Avr.-sept. : mar.-dim. 10h-12h30 et 13h30-18h ; oct.-mars : w.-e. et vac. scolaires sf lun. 10h30-12h30 et 13h30-17h30 • Entrée : 7,50 €.

Jardins d'Étretat*

Mêlant art paysager et sculptures *land art*, ces étonnants jardins contemporains sont plantés sur la falaise d'Amont, face à la mer. Un havre de paix doublé d'une vue exceptionnelle sur l'Aiguille !

Av. Damilaville • ☎ 02 35 27 05 76 • www.etretatgarden.fr • T.l.j. 10h-18h • Entrée : 8 €.

❷ FÉCAMP*

Les coquettes maisons de pêcheurs, les boucanes en brique où l'on fumait le hareng et les anciennes usines de salaison racontent l'époque faste des grandes pêches au hareng et à la morue. Mais l'ancienne capitale des terre-neuvas possède aussi un patrimoine unique, sans oublier un panorama exceptionnel depuis le point culminant de la Côte d'Albâtre (105 m).

Office de tourisme : quai Sadi-Carnot • ☎ 02 35 28 51 01 • www.fecamptourisme.com

Les Pêcheries – Musée de Fécamp**

Dans une ancienne sècherie de poissons, ce musée d'art et d'histoire empile des collections d'une étonnante diversité. Après un panorama à couper le souffle sur le port et les quartiers anciens depuis le belvédère vitré, on découvre l'épopée des marins fécampois, des œuvres des « peintres des falaises », un intérieur cauchois, un cabinet de curiosités...

3, quai Capitaine-Jean-Recher • ☎ 02 35 28 31 99 • De début mai à mi-sept. : t.l.j. 11h-19h ; de mi-sept. à fin avr. : t.l.j. sf mar. 11h-17h30 • Entrée : 7 €, gratuit 1er dim. du mois.

Palais Bénédictine**

Fantaisie gothique et Renaissance de la fin du XIXe s., ce palais extraordinaire abrite les collections d'art du négociant en vin Alexandre Le Grand (ivoires, émaux, peintures médiévales, manuscrits...), une galerie d'art contemporain et une distillerie où est élaborée la célèbre liqueur Bénédictine. Inventée par un moine en 1510, la recette à base de 27 plantes et épices fut redécouverte dans un vieux grimoire. Dégustation en fin de visite.

110, rue Alexandre-Le-Grand • ☎ 02 35 10 26 10 • www.benedictinedom.com • T.l.j. ; Juil.-août : 10h-18h45 ; avr.-juin

et sept.-oct. : 10h-13h et 14h-18h30 ; fév.-mars : 10h30-12h30 et 14h30-18h ; reste de l'année : se rens. • Entrée : 12 €.

Abbatiale de la Trinité*

Fécamp fut la capitale des premiers ducs de Normandie. C'est à eux que l'on doit la fondation de cette abbaye gothique, célèbre jusqu'au XIXe s. pour son pèlerinage du Précieux-Sang. Aussi longue que la cathédrale Notre-Dame-de-Paris, coiffée d'une tour lanterne de 65 m, elle abrite les tombes des ducs de Normandie Richard Ier et Richard II, une horloge astronomique à marées et de magnifiques clôtures Renaissance.
Place des Ducs-Richard • Entrée libre • Vis. guidée en juil.-août : jeu. et dim. à 15h (5 €).

Veules-les-Roses

❸ SAINT-VALERY-EN-CAUX*

Encadrée de falaises vertigineuses, la petite station balnéaire séduit avec sa **plage de galets** et son **port** qui s'enfonce au cœur de la ville. Dans le quartier Saint-Léger, épargné par les bombardements de 1940 qui détruisirent la ville à 80 %, la **maison Henri IV**, bel édifice à pans de bois de 1540, abrite un musée dédié à l'histoire locale et au patrimoine cauchois.
Maison Henri IV : 3 bis, quai de la Batellerie • ☎ 02 35 57 14 13 • Juil.-août : t.l.j. 10h15-12h30 et 14h-18h15 ; avr.-juin et sept. : mer.-dim. 10h15-12h30 et 14h-18h15 ; fév.-mars et oct.-déc : w.-e., j.f. et pdt les vac. scol. mer.-dim. 10h15-12h30 et 14h-16h45 • Entrée : 2 €.

❹ VEULES-LES-ROSES***

Moulins, maisons à colombages, toits de chaume, cressonnières, plantes d'eau et tapis de roses... Veules-les-Roses est un petit bijou de village normand alangui autour des eaux de la Veules, le plus petit fleuve de France né un kilomètre en amont. Lieu de villégiature prisé au XIXe s., il est classé parmi les plus beaux villages de France.

❺ VARENGEVILLE-SUR-MER***

Ce village noyé dans la végétation dissimule ses belles villas et se colore de jardins enchanteurs : **Bois des Moutiers**, **Jardin Shamrock**,

Manoir d'Ango

Le **Vasterival**. Sur les pas de Proust, Prévert, Breton, Renoir, Miró, Picasso, Ravel ou Satie, on s'y arrête pour admirer la merveilleuse petite **église Saint-Valéry**, irisée des bleus d'un vitrail de Braque et immortalisée par Monet. Braque repose dans l'émouvant **cimetière** marin, perché sur la falaise. La vue sur la baie de Dieppe est magique...

Parc du Bois des Moutiers***

Ce romantique jardin à l'anglaise collectionne les rhododendrons géants et les espèces rares du monde entier. Aménagé à la fin du XIXe s. par la paysagiste anglaise Gertrude Jekyll, il abrite le seul exemple de villa Arts and Crafts (Art nouveau anglais) hors d'Angleterre, conçu par Edwyn Luytens.

Route de l'Église • ☎ 02 35 85 10 02 • www.boisdesmoutiers.com • De mi-mars à mi-nov. : t.l.j. 10h-12h et 14h-18h • Entrée : 11 € ; vis. guidée 22 €.

Manoir d'Ango*

Entre manoir normand et palais florentin, cette étonnante demeure Renaissance, dotée d'un splendide pigeonnier, fut la résidence d'été du riche armateur dieppois Jehan Ango, conseiller maritime de François Ier. Le **Jardin Shamrock** voisin abrite la plus grande collection d'hortensias au monde.

Chemin de Cayenne • ☎ 02 35 83 61 56 • www.manoirdango.fr • Mai-sept. : t.l.j. 10h-12h30 et 14h-18h ; avr. et oct. : sam.-dim. et j.f. • Entrée : 5,50 €.

6 DIEPPE**

Au XIXe s., la plage la plus proche de Paris accueille les premiers bains de mer et les célébrités : Camille Saint-Saëns, Louis-Philippe, Napoléon III, Oscar Wilde... Avant eux, ce sont les marins dieppois qui ont fait la réputation du grand port de pêche, enrichi par l'ivoire et les épices d'Afrique. Le **Château-Musée** témoigne de ce glorieux passé avec des œuvres d'art (Boudin, Renoir, Braque...) et une précieuse collection d'ivoires. Autres attraits : l'immense plage de galets, les maisons de pêcheurs du quartier du Pollet, la flamboyante église Saint-Jacques, sans oublier ses restaurants de coquilles Saint-Jacques et de hareng grillé.

Office de tourisme : Pont Jehan Ango, quai du Carénage • ☎ 02 31 14 40 60 • www.dieppetourisme.com • **Château-Musée :** rue de Chastes • ☎ 02 35 06 61 99 • Mer.-dim. 10h-18h (oct.-mai : 10h-12h et 14h-17h) • Entrée : 4,50 €.

7 LE TRÉPORT*

À la frontière de la Côte d'Opale, ce port de pêche a connu son essor avec la vogue des bains de mer au XIXe s. On s'y promène dans une animation joyeuse et populaire, entre maisons de pêcheurs et villas Belle Époque. Le Tréport recèle des curiosités comme le **Kahl-Bürg**, vestige du Mur de l'Atlantique qui forme un véritable château souterrain creusé dans la falaise. Un vieux **funiculaire** de 1908 vous propulse au sommet des falaises pour un panorama saisissant sur la ville et la station voisine de Mers-les-Bains.

8 EU*

Bordée par la forêt du même nom, la sœur du Tréport collectionne les monuments historiques classés. Lors de votre balade dans l'ancienne cité royale (Louis-Philippe en avait fait son lieu de villégiature favori), ne manquez pas la monumentale **collégiale** gothique, l'**Hôtel-Dieu** du XVIIe s. et la **chapelle des Jésuites**, écrin des mausolées du duc de Guise et de Catherine de Clèves.

Château-Musée Louis-Philippe*

Commencé en 1578 par Henri de Guise et Catherine de Clèves, agrandi par la Grande Mademoiselle, cousine de Louis XIV, puis résidence d'été du roi Louis-Philippe, le château garde le souvenir d'illustres personnages dont la reine Victoria qui le visita par deux fois. Peintures, vaisselle et meubles habillent cet écrin luxueux, redécoré par Viollet-le-Duc au XIXe s.

Pl. Isabelle-d'Orléans-et-Bragance • ☎ 02 35 04 10 14 • www.chateau-eu.fr • Mi-mars-déb. nov. : t.l.j. sf mar. et ven. matin 10h-12h et 14h-18h • Entrée : 5 €.

Pause thé : la pâtisserie Divernet

Outre les délicieux gâteaux qui se renouvellent au fil des saisons, la maison propose des plats du jour tout aussi savoureux servis dans le salon de thé Art déco ou en terrasse.

14 • 138, Grande Rue, Dieppe • ☎ 02 35 84 13 87 • www.divernet-traiteur.com • Mar.-dim. 9h-19h (t.l.j. en été) • Plat du jour : 9,50 €.

6 Honfleur et LE PONT DE NORMANDIE

● Restos & bistrots p. 115 ● Bars, clubs & sorties p. 122 ● Boutiques p. 127

Convoité depuis le XVIIIe s. par les plus grands peintres, écrivains et poètes, ce petit port au charme fou raconte une glorieuse histoire maritime, celle des grandes expéditions de pêche et des voyages de découverte. Entre musées, galeries d'art et échoppes d'artisans, on ne se lasse pas d'arpenter les quais romantiques de son Vieux-Bassin et ses ruelles d'un autre temps, hantées par les airs de Satie et le piquant d'Alphonse Allais.

❶ LE VIEUX-BASSIN***

Le voilà le plus joli port de Normandie ! C'est à Colbert que l'on doit ce bassin à flot, où baignent vieux gréements et bateaux de plaisance, avec en toile de fond les vieilles maisons en écailles d'ardoise serrées sur le quai Sainte-Catherine et **la Lieutenance**, relique des fortifications, où logeait le lieutenant du roi au XVIIe s. Les lieux sont animés par les terrasses des cafés, le retour des bateaux et les peintres qui immortalisent cette merveille sous l'œil curieux des badauds.

❷ QUARTIER DE L'ENCLOS**

L'Enclos était le cœur de la cité médiévale, dont les puissants remparts, érigés par Charles V pour lutter contre les Anglais, furent démantelés par Colbert. Avec ses petites boutiques de souvenirs, d'artisanat et ses restaurants, la **rue de la Ville**, conserve des greniers à sel du XVIIe s. et débouche sur la place Arthur-Boudin, embellie par la remarquable façade en échiquier de silex noir et de calcaire blond du **manoir de Roncheville** (XVe s.).

Le Vieux-Bassin

Une porte sur le Nouveau Monde

Actrice dans l'aventure des découvertes des XVIe et XVIIe s., la petite cité maritime garde le souvenir de l'extraordinaire voyage de Binot Paulmier de Gonneville, qui atteint les rivages du Brésil en 1503, et du navigateur Jean Denis, qui découvre en 1506 l'île de Terre-Neuve, puis explore le Saint-Laurent. En 1608, la célèbre expédition de Samuel de Champlain mène à la fondation de la ville de Québec. C'est aussi de Honfleur que Pierre Berthelot, le futur martyr, embarque en 1619 pour l'Extrême-Orient.

De la cour intérieure de cette bâtisse, on accède à la pittoresque rue des Petites-Boucheries.

❸ MUSÉE DE LA MARINE*

Le musée de la Marine a pour écrin la plus ancienne église de la ville, l'église Saint-Étienne, édifiée au XIVe s. La topographie portuaire, les grandes découvertes, la construction navale, la traite négrière, la grande pêche et la religion des gens de mer sont évoquées à travers une multitude de maquettes, plans, gravures, tableaux et objets maritimes.

Église Saint-Étienne • 9, quai Saint-Étienne • ☎ 02 31 89 14 12 • Avr.-sept. : t.l.j. sf lun. 10h-12h et 14h-18h30 ; de mi-fév. à fin mars et de déb. oct. à mi-nov. : mar.-ven. 14h30-17h30 et w.-e. 10h-12h et 14h30-17h30 • Entrée libre.

Musée d'Ethnographie et d'Art populaire

❹ MUSÉE D'ETHNOGRAPHIE ET D'ART POPULAIRE*

Installé dans un manoir du XVIe s. dont on peut visiter les cachots, ce musée donne à voir des reconstitutions d'intérieurs normands des XVIIIe et XIXe s. Meubles anciens, faïences du Pré-d'Auge, costumes traditionnels, objets oubliés et curiosités font revivre la Normandie d'autrefois.

Rue de la Prison • ☎ 02 31 89 14 12 • Mêmes horaires que le musée de la Marine • Entrée libre.

Église Sainte-Catherine

❺ QUARTIER SAINTE-CATHERINE**

Jadis habitées par les gens de mer, les petites rues pavées, bordées de vieilles maisons à pans de bois et de riches hôtels particuliers, sont aujourd'hui truffées de galeries d'art et de boutiques d'artisanat. Arpentez les pittoresques rues des Lingots, de l'Homme-de-Bois et Haute. Au n° 31 de la rue des Capucins se trouve la **maison du corsaire Jean-François Doublet**, célèbre pour avoir survécu à six naufrages et avoir été espion pour le compte de Louis XIV.

Église Sainte-Catherine

Édifiée au XVe s. sur les ruines d'une église de pierre détruite lors de la guerre de Cent Ans, Sainte-Catherine est la plus grande église en bois de France construite avec un clocher séparé. Le bois fut préféré à la pierre, car moins onéreux. Les charpentiers de marine de la ville ont livré un remarquable édifice à colombages de style augeron, avec ses tuiles de bois, ses porches et ses deux nefs en forme de coque de bateau renversée où trône une magnifique tribune d'orgue Renaissance.

Pl. Sainte-Catherine • ☎ 02 31 89 23 30 • Avr.-oct. : 8h45-19h ; nov.-mars : 8h45-18h.

Pharmacie du Passocéan

Impossible de la rater avec sa vieille publicité en façade vantant les bienfaits du Passocéan, un remède contre le mal de mer. Ici naquit l'humoriste Alphonse Allais (1854-1905), bête noire de Honfleur, qui s'amusait à teindre en vert les chiens des mégères et se promenait sur les quais avec un homard en laisse !

4, pl. Hamelin.

6 MAISONS SATIE★★★

Écouteurs aux oreilles, on découvre l'univers génial, humoristique et insolite du grand compositeur Erik Satie, né à Honfleur en 1866. Accueilli par une poire ailée, invité au cocktail du carrelage phonique ou embarqué sur le manège aux « pédalocroches », on se laisse transporter d'un tableau à l'autre, bercé par les célèbres *Gymnopédies* et *Gnossiennes*.

67, bd Charles-V • ☎ 02 31 89 11 11 • www.musees-honfleur.fr • T.l.j. sf mar. 10h-19h (oct.-avr. : 11h-18h) ; f. janv.-mi-fév. • Entrée : 6,20 €, gratuit pour les moins de 16 ans.

7 MUSÉE EUGÈNE BOUDIN★★★

Scènes de plage où se pressent citadins en villégiature, délicieuses évocations de Honfleur et du pays d'Auge... le musée offre un panorama captivant de la peinture normande des XIXe et XXe s. Mettant l'accent sur les peintres de l'estuaire, la collection rassemble de nombreuses œuvres du Honfleurais Eugène Boudin *(La Conversation, plage de Trouville)* et de ses amis Monet, Isabey, Courbet, Pecrus, Cals et Jongkind, qui se réunissaient à la ferme-auberge de la mère Toutain lors des fameuses « Rencontres de Saint-Siméon ». À voir aussi, le *Champ de blé en Normandie* du fauve Dufy et la collection de coiffes, dentelles, poupées et meubles normands.

Pl. Erik-Satie • ☎ 02 31 89 54 00 • www.musees-honfleur.fr • Mi-mars-fin sept. : t.l.j. sf mar. 10h-12h et 14h-18h ; déb. oct.-mi-mars : lun. et mer.-ven. 14h30-17h30, w.-e. 10h-12h et 14h30-17h30 ; f. janv.-mi-fév. • Entrée : 8 €.

8 NATUROSPACE★★

Au milieu de la plus grande serre à papillons de France coule une rivière peuplée de carpes koï,

Musée Eugène Boudin

Pause thé : La Petite Chine

Coup de cœur pour ce salon de thé qui propose des pâtisseries maison et une petite restauration le midi, concoctée avec les produits frais du marché. Côté boutique, pas moins de 150 sortes de thés, des théières et des mugs.

20 • 14-16, rue du Dauphin • ☎ 02 31 89 36 52 • T.l.j. 9h-19h ; f. lun. ou mar. • Plat du jour : 12-15 €.

entourée d'orchidées, d'indigotiers, d'ananas, de piments et autres goyaviers. Plus de mille papillons tropicaux et des oiseaux exotiques rares virevoltent dans cette jungle tropicale luxuriante. On y observe tout le cycle de la vie d'un papillon, de la parade nuptiale à la naissance.

Bd Charles-V • ☎ 02 31 81 77 00 • www.naturospace.com • Avr.-sept. : t.l.j. 10h-18h30 (oct.-mars : 17h) ; f. plusieurs sem. en nov., déc. et janv. • Entrée : 8,90 €.

9 CHAPELLE NOTRE-DAME-DE-GRÂCE**

L'adorable petite chapelle du XVIIe s., perchée sur le plateau de Grâce, remplace un sanctuaire du XIe s., disparu lors d'un glissement de terrain. Les marins venaient prier dans ce haut lieu de pèlerinage avant de partir pour de lointaines expéditions. L'intérieur surprend avec ses ex-voto de marbre et ses maquettes de bateau flottant sous la voûte bleue. Du calvaire, souvent peint par les impressionnistes, s'ouvre un magnifique panorama sur l'estuaire de la Seine et le pont de Normandie.

Charrière de Grâce • Avr.-oct. : 8h30-19h ; nov.-mars : 8h30-18h.

10 PONT DE NORMANDIE***

On a le souffle coupé devant ce géant de béton et d'acier en lévitation sur l'estuaire de la Seine. Il est long de 2 141 m, soit presque la longueur des Champs-Élysées ! Impressionnant le jour, avec ses pylônes plus hauts que la tour Montparnasse (214 m) et ses 184 haubans, ce chef-d'œuvre dégage aussi une réelle magie lorsque, à la tombée de la nuit, sa silhouette illuminée se détache sur le ciel.

La Normandie
ET LES PEINTRES

Un rivage tourmenté, une nature sauvage, des cieux changeants et une lumière incomparable : voilà ce qui a séduit plusieurs générations de peintres qui, tout au long des XIXe et XXe s., plantent leur chevalet sur la côte et dans la campagne normandes. D'Isabey à Monet en passant par Dufy, la Normandie a été immortalisée par les plus grands noms de la peinture et sous les visages les plus divers : romantique, réaliste, impressionniste, fauve...

L'INVENTION DE LA PEINTURE EN PLEIN AIR

Les aquarellistes et paysagistes anglais tels que Turner ou Bonington fréquentent la Côte d'Albâtre et l'estuaire de la Seine dès 1820, vite rejoints par les artistes français Corot et Huet, et par Isabey, l'un des meilleurs peintres de marine du XIXe s. Le romantique Delacroix peint les falaises d'Étretat et de Dieppe bien avant Monet. Ouvrant la voie aux impressionnistes, ces peintres veulent surprendre « la Nature chez elle », suivis de près par les peintres de Barbizon, Daubigny, Rousseau et Troyon. C'est le début de la peinture de plein air.

Sur la trace des impressionnistes

Pour découvrir les œuvres des peintres impressionnistes en Normandie, visitez le MuMa au Havre (p. 74), qui possède la plus grande collection impressionniste de France après le musée d'Orsay, le musée Eugène Boudin à Honfleur (p. 86), le musée des Beaux-Arts de Rouen (p. 34) et le musée des Impressionnismes à Giverny (p. 23).

BOUDIN, LE « ROI DES CIELS »

Né à Honfleur en 1824, Boudin est attiré très tôt par la peinture. Encouragé par Millet et Isabey, il quitte sa papeterie du Havre pour se consacrer à sa passion. Lors de ses séances de peinture en plein air, il cherche à capter la lumière et la poésie du ciel, ce qui lui vaudra d'être surnommé le « roi des ciels » par Corot et de forcer l'admiration de Baudelaire. Célèbre pour ses marines, il peint dans un nouveau langage pictural l'animation tranquille des ports et des marchés, les activités des pêcheurs et les « petites plages » pleines de légèreté et de délicatesse.

Monet à Étretat

LES RENCONTRES DE SAINT-SIMÉON

De 1850 à 1870, la petite auberge de Saint-Siméon accueille les peintres qui vont faire la notoriété de Honfleur. Boudin s'y entoure de ses amis Dubourg, Jongkind, Cals et Pécrus qui, en précurseurs de l'impressionnisme, peignent des vues intimistes de Honfleur, son port, ses petits métiers, la belle société en villégiature ou de ravissantes scènes champêtres. Millet, Hamelin et Courbet s'y rendent également. Boudin y invite le jeune Claude Monet, le persuade d'abandonner la caricature et l'incite à peindre en plein air. La rencontre va être déterminante pour la carrière de celui qui deviendra le chef de file de l'impressionnisme, au point qu'il déclarera : « Si je suis devenu peintre, c'est à Eugène Boudin que je le dois. »

LE HAVRE, BERCEAU DE L'IMPRESSIONNISME

Dès 1872, Monet pose les bases de l'art moderne avec son *Impression, soleil levant*, tableau réalisé au Havre depuis l'hôtel de l'Amirauté, sur le Grand Quai (actuel quai de Southampton), près du sémaphore. Sensible à l'exceptionnelle lumière baignant l'estuaire de la Seine et aux variétés infinies de l'atmosphère, le peintre donne naissance avec ce tableau à l'impressionnisme. Parisien de naissance, Claude Monet passe l'essentiel de sa vie et réalise l'essentiel de son œuvre en Normandie : sur les côtes de la Manche (au Havre, où il passe sa jeunesse, à Honfleur, à Trouville, à Étretat, à Dieppe où il retrouve ses amis Renoir, Courbet et Pissarro...) et le long de la Seine (à Rouen et à Giverny).

LES FAUVES DU HAVRE

Au début du XXe s., les fauves entrent en scène. Au lieu de peindre, comme les impressionnistes, les éléments immatériels et mouvants de la nature, les fauves affirment l'autonomie de la couleur. Parmi eux, les Havrais de naissance, Othon Friesz et Raoul Dufy, et d'adoption, Georges Braque, l'inventeur du cubisme avec Picasso. Ce dernier repose face à la mer dans le cimetière marin de Varengeville-sur-Mer (p. 79), où il avait installé son atelier et recevait ses amis Miró et Picasso.

7 Trouville ET DEAUVILLE

● Restos & bistrots p. 117 ● Bars, clubs & sorties p. 123 ● Boutiques p. 128

Trouville combine les charmes d'une petite ville de pêcheurs et d'une station balnéaire coquette et familiale avec ses brasseries surannées, son casino et ses villas, souvenirs de la glorieuse époque où la « reine des plages » attirait la haute aristocratie d'Empire et lançait la Côte Fleurie. Émergée des marais en 1860, Deauville, la station chic et mondaine, est mondialement connue pour sa plage, ses Planches, son casino, ses palaces, ses hippodromes, ses boutiques de luxe et ses villas au look Second Empire ou anglo-normand.

TROUVILLE***

❶ PORT DE PÊCHE*

Au XVIIe s., on se rendait jusqu'à Terre-Neuve pour y pêcher la morue. Aujourd'hui, le port qui se vide et se remplit au gré des marées accueille une flottille de chalutiers qui raportent, chaque année, dans leurs filets, 2 000 tonnes de poissons et de crustacés. Spécialisée dans la coquille Saint-Jacques, Trouville est aussi le premier port de pêche aux maquereaux de la baie de Seine. À marée haute, les cris des goélands et les bruits de moteurs annoncent le retour des chalutiers au port. Les curieux se pressent

Port de pêche de Trouville

alors sur les quais pour observer le spectacle de la débarque.

❷ VIEILLE VILLE★

Une grande partie du charme de Trouville provient de son urbanisme contrarié par la falaise et de son dédale de ruelles pentues, d'impasses et de passages étroits. De part et d'autre du boulevard d'Hautpoul se déploie le quartier des pêcheurs avec ses maisons en brique ou à pans de bois (la **rue des Écores** est l'une des plus pittoresques) et son **église Notre-Dame-des-Victoires**, édifice néo-Renaissance aux accents byzantins de 1844. Partant des quais, l'agréable **rue des Bains,** bordée de restaurants et de boutiques, fait le trait d'union avec la station balnéaire. Ne manquez pas la **rue des Rosiers** et ses petites maisons pastel.

❸ CASINO★★

Inauguré en 1912 et réaménagé en 1927, l'extravagant édifice néoclassique de 16 000 m² englobait plusieurs salles de jeux, dont celle des jeux de petits chevaux, un théâtre à l'italienne, des salons de conversation et des cures marines. Sa charpente métallique, attribuée à Gustave Eiffel, était une grande prouesse technique pour l'époque. Aujourd'hui, l'ornement intérieur s'inspire de la Louisiane et les machines à sous ont remplacé les petits chevaux.

Pl. du Maréchal-Foch • ☎ 02 31 87 75 00 • www.lucienbarriere.com • 10h-2h en semaine ; 10h-4h le w.-e.

❹ PROMENADE SAVIGNAC★★

Dès le Second Empire, la plage de Trouville déroule son « boulevard

Pause iodée : La Poissonnerie

Grosse bâtisse néonormande plantée sur les quais depuis les années 1930, le marché aux poissons aligne chaque jour ses étals colorés par les produits de la mer. Des tables et des chaises hautes permettent de déguster sur place les fruits de mer ultra-frais, arrosés d'un petit blanc.

● 29 • 1, bd Fernand-Moureaux • T.l.j. 8h-20h.

Villas de la rue des Roches-Noires

des Italiens », 800 m de petites planches en bois d'azobé, que foulent des malades qui se portent à merveille, prétextant de prendre les bains pour se montrer dans leurs plus belles toilettes. Dédiée au célèbre affichiste Savignac, la **promenade des Planches** dévoile un bel échantillon de l'architecture balnéaire : la **villa Sidonia**, éclectique à souhait, la **villa Perrier**, petit bijou Art nouveau, la **Maison Persane** de la princesse de Sagan, la **tour Malakoff** aux airs de château fort, la **villa Les Flots**, où séjourna Gustave Eiffel, sans oublier le mythique **Hôtel des Roches Noires** où Marguerite Duras aimait écrire.

❺ MUSÉE VILLA MONTEBELLO**

La somptueuse villa construite en 1865 pour la marquise de Montebello abrite un petit musée des Beaux-Arts évoquant les premiers temps de la station balnéaire et sa métamorphose jusqu'aux premiers congés payés. Peintures, estampes et dessins de Mozin, Isabey, Boudin *(Femmes et nourrices sur la plage de Trouville)*, Antigna *(Les Baigneuses)*, Chapuis, Hambourg, Dufy et Van Dongen côtoient des affiches de Raymond Savignac. Logée

Savignac s'affiche à Trouville

Artiste de la publicité, le célèbre graphiste Raymond Savignac (1907-2002) a signé plusieurs centaines d'affiches intemporelles et bourrées d'humour. L'auteur de « La Vache Monsavon au lait », « Vite Aspro», « La Pointe Bic » ou de l'affiche de *La Guerre des boutons* a toujours été fidèle à sa devise : « Moins on en montre, plus on en dit. » Amoureux de Trouville, il s'y installe en 1975 et réalise alors des affiches pour les manifestations de la ville, mais aussi pour les restaurants, bars et commerces de la commune. Ses mouettes qui s'embrassent sont même devenues l'emblème de la station.

La plage de Trouville

dans l'office du tourisme, la galerie du musée accueille les expositions temporaires.

64, rue du Général-Leclerc • ☎ 02 31 88 16 26 • Juin-sept. : mer.-dim. 10h-12h et 14h-17h30 ; oct.-mai : mer.-ven. 14h-17h30, w.-e., vac. scol. et j.f. 10h-12h et 14h-17h30 • Entrée : 3 €, gratuit dim.

6 CALVAIRE**

Ici, le panorama embrasse les eaux vertes de la Manche du Havre à Ouistreham ainsi que les toits et la plage de Trouville. Datant de 1932, la table d'orientation dresse la liste d'illustres personnages ayant séjourné à Trouville : Dumas, Musset, Hugo, Rossini, Arago ou encore Mac Mahon. En contrebas, les vestiges de l'ancienne jetée-promenade rappellent le temps où les vapeurs déposaient les touristes sur cet élégant ouvrage métallique d'inspiration anglaise.

Route de la Corniche.

DEAUVILLE***

7 LES PLANCHES**

643 m de bois d'azobé foulés par les stars de cinéma, les vedettes de la chanson et les têtes couronnées depuis 1924 : voici la promenade mythique de Deauville, bordée par les cabines Art déco des superbes Bains Pompéiens, construits la même année par

l'architecte parisien Charles Adda. Inspiré des thermes romains avec ses atriums, ses colonnes et ses bassins, l'établissement des bains était à l'avant-garde avec son architecture de béton décorée de mosaïques. Sur les barrières des cabines s'affichent les noms des stars hollywoodiennes venues au Festival du Cinéma Américain.
Établissement des Bains de Mer, bd de la Mer • ☎ 02 31 14 02 16 • Location de cabines (à partir de 12 €), parasols, chiliennes et matelas.

8 HÔTEL NORMANDY ET HÔTEL ROYAL**

Point de chute des célébrités du monde entier depuis 1912, les deux palaces mythiques de Deauville incarnent l'extravagance et le luxe de la Belle Époque. Débauche de tourelles, de lucarnes et de pignons, l'**Hôtel Normandy**, encore résonnant des disputes mémorables de Laurel et Hardy, a le charme des manoirs augerons avec ses damiers de pierre Renaissance et ses colombages vert céladon. La façade massive de l'**Hôtel Royal** cache quant à elle un luxueux décor de style Directoire, tout en colonnes de marbre, rosaces, lustres en cristal, murs lambrissés et matériaux précieux.
38, rue Jean-Mermoz et bd Cornuché.

Les Planches de Deauville

9 CASINO*

Avec ses allures de Grand Trianon, le casino, l'un des plus prestigieux d'Europe, anime la station tout au long de l'année. Inauguré en 1912 pour remplacer l'ancien casino démoli en 1895, l'établissement de jeux connut un succès immédiat. Sa façade blanche qui scintille dès la nuit tombée dissimule des salles au décor somptueux de marbre noir, de velours pourpre et de cristal, et un théâtre à l'italienne, inspiré de l'opéra de Versailles, aux allures de bonbonnière.
Bd. Cornuché • ☎ 02 31 14 31 14 • Ouv. toute l'année.

10 LES VILLAS**

Vitrine de l'architecture mondaine depuis le Second Empire, le boulevard Eugène-Cornuché concentre quelques-unes des plus remarquables villas de Deauville, comme la resplendissante **villa-**

chalet Camélia (au coin de la rue Fossorier) construite en 1864. Au nº 15, la monumentale **villa Les Abeilles** fut commandée en 1910 à Auguste Bluysen, architecte du Grand Rex, par la grande couturière Jeanne Paquin. À voir aussi, la **villa Suzanne** (nº 11) avec ses bas-reliefs sculptés et la **villa Grisélidis** (nº 7), entre Renaissance flamande et style anglo-saxon. Au nº 8 rue du Docteur-Olliffe, la discrète **Breloque** fut la dernière demeure du peintre Eugène Boudin qui y mourut en 1898.

Villa Strassburger***

Inspirée des manoirs du pays d'Auge, la star des villas deauvillaises s'élève dans un parc verdoyant au milieu des pommiers. Construite pour le baron Henri de Rothschild en 1907 sur l'ancienne ferme de la famille Flaubert, elle fut rachetée en 1924 par le milliardaire américain Ralph Beaver Strassburger, grand patron de presse et éleveur de chevaux de course. La villa a conservé son mobilier d'époque, ses bibelots, ses portraits de famille, ses tableaux de chevaux… tout est resté en place !

Route de Saint-Arnoult • ☎ 02 31 88 20 44 • Vis. guidées : juin-sept. sur r.-v. • Tarif : 4,50 €.

⓫ HIPPODROME DE DEAUVILLE-LA TOUQUES**

Inauguré par le duc de Morny en 1864, le site de 75 ha, spécialisé dans les courses de plat, comprend

Villa Strassburger

Pause glacée : Martine Lambert

De fabrication 100 % artisanale, les glaces et sorbets de Martine Lambert sont élaborés de lait et de fruits frais : café, pamplemousse, marron glacé, pain d'épice et citron vert... de purs délices glacés !

30 • 76, rue Eugène-Colas • ☎ 02 31 88 94 04 • Avr.-sept. : t.l.j. 10h-19h30 (nocturnes les w.-e. et vac. scol.) ; oct.-mars : w.-e. et vac. scol. 10h-13h et 14h-19h.

deux pistes en gazon, une piste en sable fibré pour les courses d'hiver et trois terrains de polo. Ses courses prestigieuses (programme de haute volée en août !) attirent les plus grands propriétaires de pur-sang, l'élite des cavaliers et une clientèle internationale. En été, visite des coulisses de l'hippodrome, simulateur de courses, initiation aux paris hippiques, et pour les enfants, carrousel de chevaux, balade à poneys, jeux de petits chevaux...

45, av. Hocquart-de-Turtot • ☎ 02 31 14 20 00 • Ouv. les jours de courses • Entrée payante.

8 Cabourg et LA CÔTE FLEURIE

● Restos & bistrots p. 119 ● Bars, clubs & sorties p. 124 ● Boutiques p. 129

Entre les fastueuses Deauville et Cabourg, la Côte Fleurie égrène ses longues plages de sable fin et ses petites stations familiales au parfum Belle Époque, héritées de la vogue des bains de mer. Somnolent hors saison, bouillonnant de vie en été et les week-ends ensoleillés, ce petit bout de littoral doré semble entièrement voué aux plaisirs des vacances. Dans l'arrière-pays, les verts pâturages et les pommiers du pays d'Auge invitent à de douces balades champêtres.

❶ PARC CALOUSTE-GULBENKIAN★★★

Racheté dans les années 1930 par le magnat du pétrole Calouste Gulbenkian et aménagé par le paysagiste Achille Duchêne, le domaine des Enclos, joyau de verdure de 30 ha, est un secret bien gardé. Planté d'essences rares, on y flâne avec bonheur entre parterres en fleurs, pinède, prairie, roseraie, potager et verger de pommiers et de poiriers. En fin d'après-midi, le panorama sur la Côte Fleurie et la campagne environnante est exquis !

À Bénerville (en direction du Mont-Canisy). Chemin des Enclos • Juil. et août : t.l.j. 14h-18h • Entrée 3 €.

❷ BATTERIES DU MONT CANISY*

Poste de défense anti-sous-marins en 1917-1918, puis batterie côtière de 1935 à 1940, le mont Canisy fut le plus important point d'appui d'artillerie du mur de l'Atlantique entre 1941 et 1944. Une promenade qui s'offre aujourd'hui aux visiteurs allie nature et histoire, à la découverte de nombreux vestiges : bunkers, casemates, soutes à munitions et un tunnel long de 250 m, unique sur le littoral normand !

À Bénerville-sur-Mer • www.mont-canisy.org • Accès libre • Vis. guidée gratuite par « Les Amis du Mont-Canisy » (dates sur le site Internet).

❸ VILLERS-SUR-MER*

Si Villers possède l'une des plus longues plages de sable fin de la région et un bel échantillon de villas des années 1860 et 1870, on l'apprécie aussi pour sa magnifique campagne préservée et ses collines boisées qui lui ont valu le surnom de « bois de Boulogne de Trouville ». Autre sortie nature, à la sortie de la ville, le **marais de Villers** dévoile ses oiseaux migrateurs, grenouilles et orchidées au fil de petits chemins aménagés.

Paléospace l'Odyssée*

Bonne idée de sortie en famille, ce beau musée interactif construit au bord du marais vous propulse dans la Normandie au temps des dinosaures. On y découvre des fossiles provenant du site des falaises des Vaches Noires,

Pause madeleine : Dupont avec un Thé

Fondée en 1912, la pâtisserie Dupont est une véritable institution de la Côte Fleurie. Tout est délicieux ! Pour le goûter, le « 4h de Proust » vous réchauffe d'un chocolat à l'ancienne et de madeleines fondantes (8,90 €).

35 • À Cabourg • 6, av. de la Mer • ☎ 02 31 24 60 32 • www.dupontavecunthe.fr • Juil.-août et vac. parisiennes : t.l.j. sf mer. ; reste de l'année : jeu.-lun. 8h-19h30.

un crâne de crocodilien et des reconstitutions de squelettes de dinosaures. Une salle est dédiée au marais, une autre au méridien de Greenwich qui passe par Villers (une borne le signale le long de la digue-promenade). On finit la tête dans les étoiles dans le Planétarium à 360°.
Av. Jean-Moulin • ☎ 02 31 81 77 60 • www.paleospace-villers.fr • Juil.-août : t.l.j. 10h-19h ; fév.-juin : t.l.j. 10h-18h ; sept. : mer.-lun. 10h-18h ; oct. : mer.-dim. 10h-18h ; nov.-6 janv. : w.-e., vac. scol. et j.f. 10h-18h • Entrée : 8 €.

❹ FALAISES DES VACHES NOIRES*

Entre Villers et Houlgate, il faut attendre la marée basse pour accéder à ce site vieux de 155 millions d'années. Ces hautes falaises de calcaire et de marne de plus de 100 m recèlent un fabuleux gisement de fossiles attirant des paléontologues du monde entier. Les blocs de craie qui se sont détachés donnent au loin l'illusion de vaches endormies, d'où le nom de « Vaches Noires ». Des balades guidées avec collecte de fossiles sont proposées par les offices du tourisme de Villers et d'Houlgate.

❺ HOULGATE**

La plage people des années 1900 a vu défiler tous les grands noms de la finance, du gotha, de la politique, des arts et des sports. De cette période faste demeurent plus de 200 villas construites entre 1860 et 1914 ! Chalets suisses, cottages anglais, palais mauresques et autres envolées architecturales se découvrent lors de promenades commentées proposées par l'office du tourisme ou en suivant un itinéraire fléché au départ du casino.
Office de tourisme : 10, bd des Belges • ☎ 02 31 24 34 79 • www.houlgate-tourisme.fr

6 DIVES-SUR-MER**

Ancrée sur l'estuaire de la Dives qui lui a donné son nom, la station balnéaire est l'ancien port (la mer s'est retirée depuis !) d'où Guillaume le Conquérant partit à la conquête de l'Angleterre en 1066. On le suit à la trace de l'**église Notre-Dame** (XIe-XVe s.), où la liste de ses compagnons d'expédition est gravée dans la pierre, au port de plaisance baptisé Port-Guillaume. Le petit centre à la joyeuse animation a conservé de magnifiques **halles médiévales** (XIVe-XVe s.), dont la splendide charpente abrite un marché très vivant le samedi matin. Curiosité locale, l'insolite **Maison Bleue de Da Costa** est une petite bulle art brut émouvante, tout en mosaïques bleues (visites guidées, rens. à l'office de tourisme).

Un salon du Grand Hôtel de Cabourg

Village d'art Guillaume-le-Conquérant*

Relais de poste du XVIIe s. revu et corrigé dans le style normand à la fin du XIXe s., cette ancienne hostellerie pour clients fortunés a été investie par les galeries d'art, les antiquaires, les ateliers d'artisans et l'office de tourisme. C'est un des lieux les plus charmants du Vieux Dives avec ses cours intérieures parées de galeries, de colombages et de bois sculptés.

2, rue d'Hastings • Office de tourisme : ☎ 02 31 91 24 66.

7 CABOURG***

Un doux parfum de nostalgie enveloppe la petite station balnéaire du Second Empire et ses fastueuses villas Belle Époque, joliment plantées en éventail autour du **Grand Hôtel** où Marcel Proust séjourna chaque été de 1907 à 1914. C'est dans ce palace où il venait soigner son asthme qu'il puisa son inspiration pour immortaliser Balbec (Cabourg) dans *À l'ombre des jeunes filles en fleurs*. Prisée pour sa longue **plage de sable** et ses animations, Cabourg joue aujourd'hui la carte de la destination romantique avec sa **promenade Marcel Proust** et son festival du film romantique.

Office de tourisme : Jardins de l'Hôtel de Ville • ☎ 02 31 06 20 00 • www.cabourg-tourisme.fr

L'épopée des bains de mer

Sous l'influence des Anglais, l'aristocratie française du Second Empire découvre les vertus curatives et vivifiantes de l'eau salée et de l'air marin. La mode des bains de mer entraîne celle des distractions parisiennes que la bonne société implante sur la côte normande et que l'on vient goûter grâce aux « trains de plaisirs ». Sur les plages de la Manche bourgeonnent les premières stations balnéaires...

UN PIED DANS L'EAU

D'abord vu sous un angle thérapeutique, le bain de mer est né en Angleterre au milieu du XVIIIe s. La mode est lancée en France par Marie-Caroline, duchesse de Berry, qui se baigne à Dieppe en 1824. Le Tout-Paris accourt, la plage de Dieppe est lancée et l'engouement pour les bains de mer gagne toute la côte normande. À l'aube du Second Empire, Trouville éclipse Dieppe et devient la « reine des plages ». Les scènes de plage avec les belles dames à crinoline deviennent le motif à peindre comme dans *Les Baigneuses* d'Antigna (Villa Montebello, p. 93) ou dans les nombreuses représentations de Boudin, connu alors comme le « peintre des plages ».

DU SOIN AU PLAISIR

On prête au bain de mer des vertus hygiéniques et thérapeutiques, notamment pour soigner l'épilepsie ou les migraines. Comme les baigneurs de l'époque ne savent pas nager, on s'agrippe à une corde pour goûter aux effets revigorants de la lame ou on fait appel à un « guide-baigneur » chargé de porter le curiste jusqu'à l'eau et de le propulser dans la vague. Dans la seconde moitié du XIXe s., le bain de mer curatif devient surtout le prétexte à des séjours mondains. La natation et les sports de plage supplantent peu à peu les cures marines. Après la guerre de 1914, les peaux laiteuses s'empressent de dorer au soleil. Coco Chanel vient de lancer la mode du teint hâlé sur la plage de Deauville.

Un musée à ciel ouvert

Houlgate conserve le plus bel échantillon de villas de la Côte Fleurie. Entre chalet suédois et villas américaines inspirées de la Nouvelle-Orléans, pas moins de 300 demeures y dressent un superbe panorama de l'architecture balnéaire de 1860 à la Première Guerre mondiale.

LA VILLE BALNÉAIRE

Sur la plage de Dieppe, Eugène Boudin

Le nouveau tourisme lié aux bains de mer bouleverse la côte normande. Dans le sillage de Dieppe, première cité balnéaire de France, des petits villages de pêcheurs se métamorphosent en stations à la mode comme Étretat, Veules-les-Roses ou Trouville (1839), tandis qu'on voit fleurir sur le sable des villes nouvelles. Ainsi naissent Cabourg (1854), Villers-sur-Mer (1856), Houlgate (1858) et Deauville (1859), créées par des investisseurs parisiens. La station balnéaire est le rendez-vous des têtes couronnées et de l'aristocratie, mais aussi des artistes et écrivains. Une bourgeoisie nouvelle de riches industriels et de banquiers leur emboîte bientôt le pas.

DIVERTISSEMENTS MONDAINS

Établissements de bains, casinos, théâtres, hippodromes, villas et hôtels de luxe fleurissent en bord de mer pour accueillir cette clientèle aisée friande de concerts, de jeux, de causeries, de spectacles et de bals grandioses. Dans les casinos version XIXe s., on joue aux cartes ou au billard et les hommes s'amusent au stand de tir. À Trouville, les Planches, le long desquelles s'alignent les lieux de plaisir, sont surnommées le « boulevard des Italiens ». Les coquettes y défilent dans leurs plus belles toilettes et changent jusqu'à six fois de tenue par jour ! Même la messe est prétexte au divertissement en devenant la « messe des baigneurs ».

LES PETITES FOLIES DE L'ARCHITECTURE BALNÉAIRE

De vastes demeures sont érigées pour la villégiature des classes aisées, dans la tradition du château à la campagne, avec la mer en ligne de mire et des jardins d'un luxe floral inouï, desquels la Côte Fleurie tient son nom. L'architecture de bord de mer, dont l'éclectisme reflète un rêve d'évasion, se permet toutes les audaces, empruntant aussi bien aux constructions du passé qu'aux architectures traditionnelles : château médiéval, palais Renaissance, villa italienne, palais mauresque, cottage anglais, manoir normand à colombages et chalet suisse se côtoient dans une débauche de fantaisies ornementales. On fait appel à des architectes renommés, tel Hector Guimard, auteur d'une villa Art nouveau à Hermanville-sur-Mer.

Randonnée à Étretat
SUR LE SENTIER CÔTIER

Tantôt en bord de mer, tantôt dans les terres, le sentier de grande randonnée GR21© longe la Côte d'Albâtre sur près de 190 km entre Le Havre et Le Tréport. Sa portion aux abords d'Étretat est la plus spectaculaire. La balade sur la grande muraille de craie promet des panoramas à couper le souffle sur des monuments millénaires sculptés par la nature : arches, aiguilles, récifs... Goéland argenté ou marin, fulmar boréal, choucas des tours, faucon pèlerin et petits pingouins seront à portée de jumelles. Vous vous pencherez aussi sur le chou maritime, le trèfle velu ou l'armérie maritime, qui égaye les falaises de ses petites fleurs roses.

LA FALAISE D'AVAL

La balade débute sur le front de mer, en surplomb de la plage de galets où les « pêcheurs sans port » d'Étretat échouaient jadis leurs caïques. Longez la **promenade du Perrey** vers la gauche jusqu'à l'escalier permettant de

Le GR21© et, en contrebas, la plage d'Antifer

grimper sur la **falaise d'Aval** : c'est la plus emblématique des falaises d'Étretat, avec son arche gracieuse et son **Aiguille** surgissant des flots.

Arrivé en haut, longez le **parcours de golf** qui apparaît sur votre gauche. Sur votre droite, de petits sentiers serpentent sur les étendues herbeuses d'un vert éclatant et dévoilent des points de vue progressifs sur les falaises et la mer. Le sommet de la porte d'Aval est un fabuleux belvédère. Passez par la **Chambre des Demoiselles**, une petite grotte accessible par une passerelle, où selon la légende, trois jeunes sœurs périrent emmurées vivantes. En contrebas se dessine la **plage de Jambourg**, où Monet se postait jadis pour peindre l'arche monumentale de la Manneporte, votre prochain objectif.

La falaise d'Aval, la Manneporte

DE LA MANNEPORTE À LA COURTINE

À la Manneporte, profitez d'un autre angle de vue sur la porte d'Aval et sa fidèle Aiguille. En poursuivant vers la **pointe de la Courtine**, une épaisse muraille qui s'avance dans la mer, vous longerez la **crique du Petit-Port** où les Pisseuses de Valaine, de petites cascades jaillissant de la falaise, offrent un joli spectacle.

Après la pointe de la Courtine où vous attend une superbe vue sur la Manneporte, empruntez le sentier qui descend dans la **vallée d'Antifer** et mène à une belle plage sauvage où niche une foule d'oiseaux marins. Avec un peu de chance, vous apercevrez au large des phoques, des marsouins et même des dauphins. Au fond de la plage, une galerie artificielle a été creusée pour traverser la pointe de la Courtine. Retournez à Étretat par le même chemin ou en contournant le golf par le sud.

Informations pratiques

Départ et arrivée : plage d'Étretat.

Durée : 2 h A/R.

Distance : 6 km.

Balisage : jaune.

Dénivelé : 100 m.

Difficulté : facile mais dénivelé important au départ. Ne vous approchez jamais du bord des falaises (risques d'éboulements réels). Éviter cette randonnée par mauvais temps et avec de jeunes enfants.

Où piquer une tête ?

Sur la Côte d'Albâtre, les plages sont en galets, avec parfois des étendues de sable qui se découvrent à marée basse. Les falaises rendent l'accès à la mer assez difficile par endroits mais le décor est spectaculaire. Plus propices à la baignade et au farniente, les plages de la Côte Fleurie déroulent de longues étendues de sable fin et doré.

LA PLAGE DU HAVRE

Classée Handiplage, la grande plage de sable et de galets s'étend sur près de 2 km entre le port et Sainte-Adresse. Skatepark, jeux pour enfants, terrains de beach-volley, de foot et de basket, piscine, zone de kitesurf, promenade et restaurants. **p. 75**

LA PLAGE D'ÉTRETAT

La longue plage de galets, lovée entre ses deux célèbres falaises, est l'une des plus belles plages de Normandie où l'on pratique le kayak de mer, le stand-up paddle, la voile, le surf, la pêche ou la plongée. **p. 77**

LA PLAGE D'YPORT

Confidentielle, la petite plage de galets (entre Étretat et Fécamp) charme avec ses falaises, ses cabines de plage rayées et ses barques colorées. Terrain de beach-volley et aire de jeux pour enfants.

Les Bains des Docks

Trop frileux pour barboter dans la Manche ? Baignés de lumière douce, ces thermes design conçus par Jean Nouvel sont une bulle de bien-être avec bassins intérieurs et extérieurs, sauna, hammam, Spa et salle de fitness.

Quai de la Réunion, Le Havre • ☎ 02 32 79 29 55 • www.lesbainsdesdocks.com • T.l.j. 10h-20h (22h ven.) • Entrée 4,90 €

LA PLAGE DE FÉCAMP

Orientée vers l'ouest, la jolie plage de galets de 800 m bénéficie d'un ensoleillement jusqu'au soir et découvre des bancs de sable à marée basse. Nombreuses activités nautiques. **p. 78**

LA PLAGE DES PETITES-DALLES

Entre Fécamp et Saint-Valery-en-Caux, la plage de gros galets, paisible et familiale, où Sissi aimait se baigner, est l'une des plus jolies de la Côte d'Albâtre. Grande étendue de sable à marée basse pour la pêche à pied. Prévoir un pique-nique.

La plage de Cabourg et le Grand Hôtel

LA PLAGE DE SAINT-VALERY-EN-CAUX

Ses gros galets sont pris d'assaut en été car la vue sur les falaises est impressionnante. Une seconde plage, plus sauvage et moins fréquentée, niche à l'ouest du port. **p. 79**

LA PLAGE DE DIEPPE

Bien que très fréquentée, la longue plage de galets offre un immense espace de baignade et de loisirs de bords de mer (jeux pour enfants, piscines...). La petite plage de Puys est plus intime et familiale. **p. 80**

LA PLAGE DE TROUVILLE

Idéale pour la bronzette, la baignade, le surf ou la planche à voile, la « reine des plages » égrène son long tapis de sable fin, ses parasols rayés et ses activités *kids-friendly* en pleine ville : toboggans, structures gonflables, balançoires, mini-kart... **p. 92**

LA PLAGE DE DEAUVILLE

2 km de sable blond piqueté de 650 parasols multicolores, c'est la plage mythique de la Côte Fleurie, immortalisée par Claude Lelouch dans *Un homme et une femme*. Pour voir et être vu ! **p. 94**

LA PLAGE DE HOULGATE

La grande plage de sable compte une base nautique, un terrain de beach-volley, un club pour enfants, un parc à jeux, une zone de kitesurf ainsi que des bars et restaurants à proximité. **p. 100**

LA PLAGE DE CABOURG

Des kilomètres de sable, un éventail d'activités nautiques et des clubs de plage pour enfants attirent les familles. À l'est, la plage sauvage du Cap Cabourg est bordée de dunes. **p. 101**

Activités de plein air

La Côte d'Albâtre est un formidable terrain de jeux. Sur terre, sur mer ou dans les airs, vous pourrez goûter à la douceur de balades contemplatives ou faire le plein de sensations fortes dans des paysages grandioses.

LONGER LES FALAISES EN PADDLE OU KAYAK DE MER

Pagayer sous les célèbres arches des falaises d'Étretat vous laissera un souvenir impérissable. L'école de voile, Voiles et Galets, propose des stages pour petits et grands et des activités allant de la planche à voile au catamaran en passant par l'Optimist, le kayak et le stand-up paddle.

Voiles et Galets : Pôle nautique d'Étretat, rue Adolphe-Boissaye • ☎ 06 20 70 07 84 • www.voilesetgalets.com • Location kayak : 15 €/1 h.

BALADE EN CYCLO-DRAISINES DANS LE PAYS DE CAUX

Parcourez 5 km en vélorail (20 à 30 min en descente) sur une voie ferrée centenaire entre les Loges et Étretat. La balade, paisible et familiale, vous propulse au cœur d'une verdoyante valleuse du Pays de Caux. Le retour peut se faire à bord d'un train ancien.

Train touristique Étretat-Pays de Caux : Gare des Loges • ☎ 02 35 29 49 61 • www.lafrancevuedurail.fr/ttepac • D'avr. à nov., se rens. pour les horaires • A/R en train 7 €, forfait cyclo-draisines + train (résa obligatoire) : 33 € pour 4 passagers.

S'éclater dans les airs

Vous avez toujours rêvé de faire le grand saut ? Offrez-vous un baptême de saut en parachute depuis Le Havre avec survol de la baie de Seine, des falaises d'Étretat, des plages de la Côte Fleurie et du Débarquement.

Abeille Parachutisme • Aéroport du Havre-Octeville - ☎ 02 31 89 77 66 • 349 € le w.-e.

Si vous n'êtes pas adepte de la chute libre à 200 km/h, découvrez la Normandie vue du ciel en avion.

Aéroclub de Deauville • ☎ 02 31 64 00 93.

FRÔLER LA CÔTE D'ALBÂTRE EN VIEUX GRÉEMENT

Embarquez sur un ancien bateau de pêche en bois, un langoustier ou un langoustinier, et laissez-vous glisser le long des hautes falaises de craie blanche, en direction de Saint-Pierre-en-Port ou d'Yport pour une balade de 2 h (tarif adulte : 28 €) ou pour une mini-croisière de 4 h devant les falaises d'Étretat (49 €).

Au gré des Vents : Quai Sadi-Carnot à Fécamp • ☎ 02 35 28 84 61 • www.fecamptourisme.com • Avr.-oct. sur résa.

Kitesurf à Houlgate

À CHEVAL SUR LA PLAGE DE DEAUVILLE

Non loin des célèbres Planches, le club hippique incontournable de Deauville propose tout au long de l'année des balades sur la plage, avant 10h ou après 19h selon les marées, des tours de poney pour les plus petits, des randonnées pour les cavaliers confirmés, des cours et des stages tous niveaux.

La Mangeoire : rue Reynaldo-Hahn • ☎ 02 31 98 56 24 • lamangeoire-deauville.fr • Toute l'année, le w.-e. et pdt les vac. scol. • Promenade sur la plage : 45 €, tour de poney : 6,50 €.

KITESURF À HOULGATE

Sur une côte assez ventée, Houlgate est le spot idéal pour la pratique du kitesurf. Il comblera à la fois l'expérimenté (vagues pour déclencher les sauts, longs runs vers Deauville et Cabourg) et le débutant : à marée basse, de petits lagons permettent les premières sorties en eau.

Kite Paradise : 78, rue des Bains • ☎ 06 72 17 35 74 • www.kiteparadise.fr • De mars à mi-nov. en fonction de la météo • 125 € la séance.

CHAR À VOILE SUR LA PLAGE DE CABOURG

L'immense plage de sable de Cabourg se prête merveilleusement bien à la pratique du char à voile. Allongé dans une voiture à 3 roues, goûtez aux impressionnantes accélérations – jusqu'à 100 km/h ! – au ras du sable. Le centre propose des cours particuliers et des stages pour débutants et confirmés.

Centre de char à voile (association Roule au Vent) : Poste de secours n° 5, plage de Cap-Cabourg • ☎ 06 48 15 07 38 • www.charavoile-cabourg.com • Séances d'1 h 30 à marée basse : de 42 à 54 €.

Les coups de cœur DE NOTRE AUTEUR

LE BARBICAN

Plus besoin de traverser la Manche pour se régaler d'un authentique fish & chips ! Tony est anglais et le prépare dans les règles de l'art. Un régal ! **p. 113**

BACARETTO

Des vins confidentiels que l'on déguste à l'aveugle, pour la touche ludique, des charcuteries artisanales succulentes, voilà un petit bar à vins qui fait du bien au milieu des enseignes touristiques de Honfleur. **p. 115**

La Petite Rade

LA PETITE RADE

Siroter une bière en regardant le soleil s'enfoncer dans la mer, voici un spectacle dont je ne me lasse pas. **p. 121**

LOHO LE LOCAL SHOP

Parce que cette boutique ne propose que de jolis objets de créateurs havrais et de l'épicerie fine, exclusivement normande. **p. 126**

LIN ET L'AUTRE

Cette boutique de Varengeville est un petit paradis pour les amateurs de DIY (Do It Yourself). Ici on vous donne envie de fabriquer vous-même vêtements, bijoux, torchons ou nappes avec le lin produit dans le pays de Caux. **p. 126**

CAMPAGNE, DENTELLE ET ROUDOUDOUX

Amoureuse de mode vintage, je pourrais passer des heures à fouiner dans ce superbe dressing normand rétro. En prime, de la petite brocante de charme, des objets délicats... **p. 127**

Restos & bistrots
RÉGION DU HAVRE

Le Havre (Visite 4 - p. 70)

LE GRIGNOT
Brasserie ① Plan G7

Au cœur du centre Perret est installée l'une des plus belles brasseries du Havre et l'une des plus réputées. Ici, vous dégusterez la pêche du jour ou des recettes traditionnelles comme le foie gras maison, la raie à la crème-pommes vapeur, l'une des spécialités, le confit de canard ou les tripes - la maison a été primée pour ce plat... Pour finir, un sorbet à l'alcool sera le bienvenu !

47-53, rue Racine • ☎ 02 35 43 62 07 • Lun.-sam. 12h-14h et 19h-minuit • Formule déj. : 15,90 €, menu Grignot : 31,90 €.

LE BOUCHON NORMAND
Brasserie ②

Tout près des Halles, ce grand établissement fait la part belle aux viandes de Normandie, toutes travaillées et transformées sur place, et aux vrais plats du terroir : feuilleté de pommes tatin au pont-l'évêque, tripes à la mode de Caen, entrecôte XXL, tête de veau, camembert rôti au four... et burger du Bouchon, haché à la minute !

77, rue Louis-Brindeau • ☎ 09 52 15 23 73 • www.bouchon-normand.fr • Lun.-mar. et jeu.-sam. 12h-14h30 et 18h-22h30, dim. 12h-15h • Menu du marché (2-3 plats) : de 14 à 18 € ; menu ardoise : 25 €.

LE NUAGE DANS LA TASSE
Bar à salades ③

Ce restaurant-saladerie, victime de son succès, est souvent plein. En effet, depuis 1988 sa réputation n'est plus à faire : la qualité est au rendez-vous et le sourire aussi. La carte séduira petits et gros mangeurs avec de belles tartes

Le Grignot

Le Garde-Manger

salées, de grosses salades, des plats traditionnels de viande ou de poisson et des gâteaux maison.

93, av. Foch • ☎ 02 35 21 64 94 • Lun.-mer. 12h-14h., jeu.-sam. 12h-14h et 19h-22h • Salade : de 11,90 à 14,90 € ; plat : de 13,60 à 16,90 €.

TAVERNE PAILLETTE
Brasserie ④

Ouvert 7j/7, cet établissement traditionnel a une histoire inséparable de la bière maison du même nom, brassée au Havre depuis 1956. Si la Taverne met la choucroute à l'honneur, elle affiche également des huîtres, des escargots, une tranche de foie gras maison ou un dos de cabillaud doré à la fleur de thym.

22 rue Georges-Braque • ☎ 02 35 41 31 50 • www.taverne-paillette.com • T.l.j. 12h-minuit (22h30 dim.) • Menu express (midi sem.) : 15,50 € ; formule Taverne (midi sem.) : 21,90 € ; menu Paillette : 31,20 €.

LES FRITES À VICTOR
Baraque à frites ⑤

Depuis 1927, la baraque à frites de Victor se dresse face à la plage les deux tiers de l'année, tous les jours, que le soleil brille, qu'il pleuve ou qu'il vente ! Pour 2,50 ou 3,60 €, on a droit à une moyenne ou une grande portion de frites, à laquelle on peut ajouter une ou deux saucisses (1,20 € pièce). Côté sucré, glaces, croustillons et pommes d'amour sont servis avec le sourire. Les Havrais y courent, les touristes aussi !

Bd Albert-Ier, au début de la plage • De mi-mars à fin oct. : t.l.j. 10h-22h.

LE GARDE-MANGER
Bistrot/glacier ⑥

Les Havrais raffolent de ce petit restaurant de quartier, niché dans une ancienne boulangerie du quartier Saint-Vincent. De grandes baies vitrées et de beaux volumes confèrent au lieu une atmosphère conviviale et la cuisine du marché à l'ardoise varie selon ce que le chef déniche sur les étals. Un excellent rapport qualité/prix !

40, rue de l'Alma • ☎ 02 35 47 39 72 • Lun., mer. et sam. 19h30-22h, mar.-jeu. et ven. 12h-14h et 19h30-22h • Formule déj. : de 12,50 à 15,50 € ; menu : 18,50 €.

VOIR AUSSI :

Le café de la Galerne | p. 73 | ⑦

La Côte d'Albâtre, d'Étretat au Tréport (Visite 5 - p. 76)

LE LANN-BIHOUÉ
Crêperie ⑧ Plan H4

Un petit coin de Bretagne en Normandie où l'on se régale de copieuses galettes et de crêpes gourmandes. Galettes à l'andouille de Guémené, la Vallée d'Auge garnie de camembert et de pommes rôties au caramel, il y en a pour tous les goûts. Rapport qualité/prix imbattable à Étretat.

À Étretat. 45, rue Notre-Dame • ☎ 02 35 27 04 65 • www.etretat-lannbihoue.fr • T.l.j. sf jeu. 12h-14h30 et 19h-22h (ouv. t.l.j. pdt vac. scol. ; f. mer. en basse saison) • Formule midi : 10,50 € ; menu : 12,50, 14,90 et 17,90 €.

LE BARBICAN
Fish & chips ⑨

Si vous rêvez d'un authentique et savoureux fish & chips, ne manquez pas ce petit restaurant ancré sur le quai Bérigny. Le fameux plat anglo-saxon, un filet de cabillaud ou d'aiglefin trempé dans une pâte à frire et servi avec des *potatoes*, une sauce tartare et une crème de petits pois, est la spécialité de Tony, un jeune chef anglais, qui mitonne aussi une délicieuse cuisine 100 % maison, inventive et goûteuse, à partir de produits simples et

Le Barbican

ultra-frais. Le menu change toutes les semaines. Réservez !

À Fécamp. 97, quai Bérigny • ☎ 02 27 30 59 95 • Dim.-lun. et jeu. 12h-13h30, mar. et ven.-sam. 12h-13h30 et 19h30-21h • Formule midi en sem. : 15,50 € ; menu soir et w.-e. : 20,50 €.

LES DOUCEURS DU RIVAGE
Salon de thé (10)

Une carte remplie de douceurs maison, des glaces artisanales, des chocolats chauds à l'ancienne et pas moins de 70 variétés de thés, servis dans de la porcelaine anglaise fleurie, promettent un goûter savoureux. Également, cakes et tartes salées maison pour le déjeuner.

À Saint-Valery-en-Caux. 14, pl. de la Chapelle • ☎ 02 35 97 03 14 • Mer.-dim. 11h-19h • Salé du jour : 9,50 € ; Gâteau : 5,30 €.

ATELIER 2
Salon de thé (11)

Cette charmante adresse, au bord du plus petit fleuve de France, est tenue par un couple d'Anglais. C'est à la fois un atelier d'art et un salon de thé au jardin où Marilyn vous servira le thé, des scones et de succulents gâteaux maison. Un authentique *tea time* à l'anglaise, bercé par les eaux bruissantes de la Veules...

À Veules-les-Roses. 5, rue du Bouloir • ☎ 02 35 97 07 95 ou 06 38 21 27 37 • W.-e., vac. scol. et j.f. quand il fait beau : 14h30-18h • Gâteau : 3,75-5 €.

LE PIMENT BLEU
Cuisine familiale (12)

Dans le parc du château de Varengeville, le Piment Bleu est un havre de paix où l'on s'arrête pour un *English breakfast*, un déjeuner léger ou une pause goûter. Derrière les baies vitrées de la boutique ou sur la terrasse ensoleillée, Ghislaine sert des pâtisseries et une cuisine maison concoctée avec les produits du marché.

À Varengeville-sur-Mer. La Cidrerie, château de Varengeville, route de Dieppe • ☎ 02 35 83 38 95 • T.l.j. 10h-22h (f. à 19h mar.-jeu. et sam. en sept.-juin) • Menu : 13,50 et 20 €.

À LA MARMITE DIEPPOISE
Poissons/fruits de mer ⑬

À deux pas du port de pêche, ce petit restaurant traditionnel mitonne les produits de la pêche locale ainsi que des plats de viande et de volaille du terroir normand. Première visite ?
Essayez la fameuse marmite dieppoise, spécialité maison composée de lotte, turbot, saint-jacques locales (selon la saison) ou sole, julienne, écrevisse et moules.

À Dieppe. 8, rue Saint-Jean • ☎ 02 35 84 24 26 • www.marmitedieppoise.fr • Mar. et jeu.-sam. 12h-14h et 19h-21h, mer. et dim. 12h-14h • Menu : 21, 33, 38 et 44 €.

VOIR AUSSI :

Divernet | p. 81 | ⑭

Honfleur (Visite 6 – p. 82)

BACARETTO
Bar à vins ⑮

Cette ancienne maison de pêcheurs est devenue un sympathique bar à vins à l'ambiance jazzy. On découvre à l'aveugle des vins de petits producteurs que l'on accompagne d'une planche de charcuterie ou de fromages. On peut aussi faire son repas d'une galette bretonne, d'une tourte, d'un magret de canard ou de tripes de Vire (plat du jour).
Ici, on privilégie les produits locaux, naturels et artisanaux !

44, rue de la Chaussée • ☎ 02 31 14 83 11 • Mar.-dim. 19h30-minuit ou 1h • Plancha : 15 €.

Bacaretto

L'Écailleur

LE BISTRO DES ARTISTES
Bistrot/salon de thé ⑯

Une excellente petite adresse que l'on vous recommande chaudement. On peut y manger à toute heure une cuisine faite maison par Anne-Marie, depuis le pain au foie gras en passant par les pâtisseries. L'ardoise affiche des plats à prix doux : délicieuses tartines, belles salades aux assaisonnements divins, terrines, dégustation d'huîtres... Le petit plus : la vue plongeante sur le vieux port.

30, pl. Berthelot • ☎ 02 31 89 95 90 • T.l.j. sf mer. 12h-14h30 et 19h-21h30 ; f. mar. hors saison • Plat : de 16 à 28 €.

AU P'TIT MAREYEUR
Cuisine française ⑰

Ce jeune chef honfleurais réalise de vraies merveilles pour les papilles et pour les yeux, servies avec soin dans un joli cadre de vieilles pierres et de colombages. Tournedos de cabillaud au lard rôti au beurre salé ou bouillabaisse honfleuraise, spécialité de la maison, Julien Domin cuisine divinement les poissons de la débarque.

4, rue Haute • ☎ 02 31 98 84 23 • Jeu.-lun. 12h-13h30 et 19h30-21h30 ; f. en janv. • Menu : 30 € (midi) et 39 € (soir).

L'ÉCAILLEUR
Cuisine française ⑱

Ambiance chaleureuse et cuisine semi-gastronomique dans ce restaurant inspiré d'une cabine de vieux paquebot d'où l'on peut contempler le Vieux-Bassin. Laissez-vous tenter par le filet de cabillaud crème de curcuma, la dorade en ceviche ou l'œuf parfait tagliatelles à l'encre de seiche, parmesan, huile de truffe et lard. On salue le grand soin apporté à la composition des assiettes.

1, rue de la République • ☎ 02 31 89 93 34 • www.lecailleur.fr • T.l.j. sf mer. et jeu. 12h-13h30 et 19h-21h (à partir de 19h30 ven.-sam.) ; f. mar. en nov. • Menu : 31 €.

LE BRÉARD
Gastronomique ⑲

Une table gastronomique qui vaut le détour ! Fabrice Sebire a enrichi son tour de main auprès de Guy Martin au Grand Véfour, puis à la Tour d'Argent et au Lucas Carton. Sa cuisine, contemporaine et inventive, aux accents normands

ou d'ailleurs, s'appuie sur les bons produits de la région. Le restaurant loge dans une jolie maison de ville à la déco épurée avec son petit jardin d'intérieur.
7, rue du Puits • ☎ 02 31 89 53 40 • Mar.-jeu. 19h-21h, ven.-dim. 12h15-14h et 19h-21h • Menu : 33, 50 et 63 €.

VOIR AUSSI :

La Petite Chine | p. 87 | ⑳

Trouville et Deauville (Visite 7 - p. 90)

LA PETITE AUBERGE
Gastronomie du terroir ㉑

Une façade bleu ciel, un doux intérieur champêtre, la Petite Auberge se fait bien discrète. Et pourtant, voici l'une des meilleures haltes gourmandes de Trouville. Le terroir normand est ici délicieusement revisité au gré des saisons avec des assiettes savoureuses pour l'œil comme pour les papilles, à la fois simples et raffinées. Un régal !

La Petite Auberge

À Trouville. 7, rue Carnot • ☎ 02 31 88 11 07 • www.lapetiteaubergesurmer.fr • Jeu.-lun. (t.l.j. en août) 12h15-14h et 19h30-21h • Formule déj. : 30 € ; menu : 42 €.

COCOTTE CAFÉ
Cuisine du terroir ㉒

Petit et familial, le Cocotte Café mitonne une cuisine normande bien tradi : cocotte du pêcheur (cabillaud, saumon, haddock, crevettes et moules dans une sauce safranée), cocotte grand-mère (poulet, lardons et champignons), escargots au camembert, poulet de la vallée d'Auge à la crème fraîche et au cidre, pain perdu, teurgoule maison...
À Trouville. 58, rue des Bains • ☎ 02 31 88 89 69 • T.l.j. 12h-22h (f. dim. soir, lun. et mar. hors saison) • Menu : 15,90 et 21,50 €.

LES VAPEURS
Brasserie ㉓

L'institution des quais ! Ouverte en 1927, la grande dame trouvillaise a vu défiler une myriade de célébrités, de plaisanciers et de locaux. On y engloutit, dans un authentique décor années 1950, moules à la crème, friture, tripes à la mode de Caen ou crevettes grises. Malgré un rapport qualité/prix parfois décevant, cette brasserie mythique, encore dans son jus, ne désemplit pas. Certains lui préfèrent le Central voisin (n° 158), l'autre brasserie emblématique de Trouville.

À Trouville. 160, bd Fernand-Moureaux • ☎ 02 31 88 15 24 • T.l.j. 12h-minuit • À la carte : env. 45 €.

LES 4 CHATS
Brasserie ㉔

Bistrot chic et atypique, on y mange à la carte dans un décor années 1930 et 1950, avec tables patinées, banquettes rétro et fauteuils en moleskine. À l'ardoise, rôti de cœur d'aloyau aux pommes sautées - plat phare -, steak de thon ou tajine de lotte et de bar de ligne aux carottes confites... et l'une des plus belles cartes de vins de la région.

Les 4 Chats

À Trouville. 8, rue d'Orléans • ☎ 02 31 88 94 94 • Jeu. soir, ven.-dim. midi et soir ; t.l.j. en été • Plats : de 19,50 à 28,50 €.

TIVOLI BISTRO
Traditionnel ㉕

La délicieuse cuisine de Gérard, le service souriant et attentionné de Christine et les prix raisonnables font du Tivoli Bistro une bonne petite adresse. On s'y régale d'une cassolette de poissons aux moules, turbots à l'oseille, d'une sole meunière ou d'une blanquette de veau. Le roulement des plats est fréquent, Gérard ne cuisine que des produits frais.

À Trouville. 27, rue Charles-Mozin • ☎ 02 31 98 43 44 • Ven.-mar. 12h15-13h30 et 19h15-21h3 • Idée bistrot : de 8 à 25 € ; menu : 17,50 et 31,50 €.

L'ÉTOILE DES MERS
Poissons, fruits de mer ㉖

L'Étoile des Mers, c'est à la fois une poissonnerie et un espace de dégustation (12h-14h) caché au fond de la boutique. On s'y régale de fruits de mer et de poissons ultra-frais, tout juste débarqués du bateau et cuisinés à la minute. Mieux vaut réserver, les places sont chères dans ce petit bistro atypique et délicieux, où l'on peut déguster des huîtres toute la journée !

À Deauville. 74, rue Gambetta • ☎ 02 14 63 10 18 • T.l.j. sf mer. 7h-19h en saison ; f. mar.-mer. hors saison • Formule midi en sem. : 20 € ; carte : de 18 à 45 €.

LA PÉNICHE
Poissons ㉗

On franchit une passerelle pour embarquer dans cette péniche amarrée sur les quais du port de plaisance. Les yeux dans l'eau et à l'écart du Deauville un peu trop mondain, on y mange de bonnes assiettes dans l'esprit « grand large ». La vue imprenable sur les bateaux de la marina, le cadre zen et apaisant et le bon rapport qualité/prix en ont fait une escale incontournable.

À Deauville. Bd de la Mer, Port-Deauville • ☎ 02 31 98 52 75 • Lun.-mar. et jeu.-dim. 12h-14h30 et 19h-21h30 (ouv. mer. en haute saison, 22h sam.-dim.) • Formule midi en sem. : 17,50 € ; menu : 24,50 et 35,90 €.

LA CANTINE DE DEAUVILLE
Bistrot ㉘

Au cœur de la ville, cette brasserie contemporaine aux airs de loft new-yorkais offre un bon rapport qualité/prix pour Deauville. Salades, fish & chips, burgers, poissons,

La Péniche

tartares de bœuf, entrecôtes, tarte tatin et autres glaces artisanales se partagent la carte.

À Deauville. 90, rue Eugène-Colas • ☎ 02 31 87 47 47 • www.lacantinedeauville.fr • T.l.j. 9h-22h (23h ven.-sam.) • Formule midi : 16,90 et 21,90 € ; menu : 27 et 33 €.

VOIR AUSSI :

La Poissonnerie | p. 92 | ㉙

Martine Lambert | p. 96 | ㉚

Cabourg et la Côte Fleurie (Visite 8 - p. 98)

LA TERRASSE DU MARAIS
Cuisine française ㉛

La terrasse au bord de l'eau, où flotte une petite ambiance de guinguette, l'accueil souriant et attentionné des hôtes et de belles assiettes sont les atouts de ce charmant endroit niché dans les marais de Villers. Une halte savoureuse et bucolique en pleine nature !

À Villers-sur-Mer. Av. Jean-Moulin • ☎ 02 31 87 58 42 •Juin-sept. et vac. scol. : mer.-dim. 12h-14h et 19h-21h30 ; hors saison : mer., jeu. et dim. midi, ven.-sam. soir • Formule midi : 18,50 et 24 € ; menu : 27 et 34 €.

L'ÉDEN
Gastronomie ㉜

Accueil aux petits soins pour savourer la cuisine délicate de Nicolas qui met à l'honneur les produits régionaux. Foie gras à la baie de passion, huîtres de Saint-Vaast ou d'Isigny, ravioles de homard, sole meunière au beurre d'Isigny et moelleux au chocolat, l'adresse promet un joli moment gastronomique.

À Houlgate. 7, rue Henri-Fouchard • ☎ 02 31 24 84 37 • www.eden-houlgate.com • Mer.-dim. 12h-13h45 et 19h15-21h • Menu : 22, 26, 33 et 44 €.

CHEZ LE BOUGNAT
Bistrot ㉝

Dans une ancienne quincaillerie reconvertie en joli bistrot à la déco rétro, la carte fait la part belle aux cochonnailles et aux poissons de la côte. Un classique de Dives même si l'adresse n'a plus l'excellence des débuts.

À Dives-sur-Mer. 27, rue Gaston-Manneville • ☎ 02 31 91 06 13 • Avr.-sept. et vac. scol. : t.l.j. 12h-14h et 19h-22h30 ; hors saison : jeu.-sam. et j.f. 12h-14h et 19h-22h30, dim.-mer. 12h-14h • Plat autour de 15 €.

LE BOUCHE À OREILLE
Traditionnel ㉞

En face du marché, une belle table classique où père et fils travaillent à quatre mains des produits frais et locaux et des poissons de la côte : marmite de fruits de mer et petites gambas, huîtres, homard bleu rôti au four, filets de daurade à la crème de chorizo, fricassée de rognons de veau à la crème de moutarde douce...

À Cabourg. 10, av. des Dunettes • ☎ 02 31 91 26 80 • www.boucheaoreille-cabourg.fr • Mar. 19h-21h30, mer.-sam. 12h-13h30 et 19h-21h30, dim. 12h-13h30 • Formule déj. en sem. : 21 et 24 € ; menu : 31, 39 et 44 €.

VOIR AUSSI :

Dupont avec un Thé | p. 99 | ㉟

Bars, clubs & sorties
RÉGION DU HAVRE

Le Havre (Visite 4 - p. 70)

LE VOLCAN
Spectacles ①

Haut lieu de la culture havraise, la Scène nationale a investi le superbe bâtiment conçu par l'architecte brésilien Oscar Niemeyer. Dans ce bouillonnant volcan s'agitent toutes les disciplines et les dernières tendances de la création contemporaine : théâtre, danse, musique, cirque, marionnettes, clowns...

Pl. du Général-de-Gaulle • ☎ 02 35 19 10 20 • www.levolcan.com

LE TETRIS
Concerts ②

Au sein du fort de Tourneville, friche militaire du XIXe s. de 6 ha, le Tetris, salle de concert et de création, est formé d'un empilement de conteneurs. Un lieu décalé, où se presse la jeunesse havraise pour les concerts de musiques actuelles...

33, rue du 329e-R.-I. • ☎ 02 35 19 00 38 • www.letetris.fr.

LE CYCLAMEN'BAR
Bar à cocktails ③

Surtout ne ratez pas ce fameux bar à cocktails et sa rhumerie avec déco *ad hoc* : bois, plantes vertes, peintures et statues haïtiennes. Il est tenu par Alain Gabriel, grand créateur de cocktails qui lui valent régulièrement des prix ! Vous les goûterez au son d'une programmation qui oscille entre salsa, jazz, rock et pop.

22, rue Jean-de-La-Fontaine • ☎ 02 35 41 29 28 • Mar.-sam. 22h30-2h.

MAGIC MIRRORS
Concerts ④

Le Magic Mirrors a posé son chapiteau de toile sur les quais en face des Bains des Docks. Tendu de velours et orné de miroirs, ce lieu insolite, dans l'esprit bal des années folles, abrite concerts jazz, blues, funk, musiques du monde et bals guinguette. Éclectique, tout comme le public !

Quai des Antilles • www.magicmirrors.lehavre.fr • Places : 10-29 €.

LA PETITE RADE
Café ⑤

Bleue dehors, rouge dedans, cette Petite Rade est une brasserie-bar à tapas à l'esprit surf pourvue d'une grande terrasse face à la plage. À l'apéritif, quand toutes les tables sont prises, les étudiants s'assoient sur les marches descendant jusqu'à la plage. De là, ils bénéficient d'une vue imprenable sur la baie du Havre en attendant le coucher du soleil...

À Sainte-Adresse. 3 bis, chemin de la Mer, promenade des Régates • ☎ 02 35 48 33 05 • Lun. 16h-minuit, mar.-dim. 12h-minuit.

La Côte d'Albâtre, d'Étretat au Tréport (Visite 5 - p. 76)

LE YARD PUB
Pub irlandais ⑥

Derrière sa belle devanture en bois qu'il partage avec le restaurant Le Clos Lupin, ce pub accueillant et chaleureux, à la déco rétro, est une adresse sympathique pour siroter une pinte de Guinness, un authentique Irish Coffee ou un whisky tourbé en disputant une partie de fléchettes.

À Étretat. 37, rue Alphonse-Karr • ☎ 02 35 28 94 71 • T.l.j. 21h-2h (0h30 en sem.).

TOUT VA BIEN
Bar ⑦

À deux pas du port, un charmant petit bar authentique et encore dans son jus avec lambris, céramiques marron et formica. Une patronne sympa et une clientèle locale. Ici, tout va bien !

À Fécamp. 2 bis, rue du Président-René-Coty • ☎ 02 35 28 13 55 • T.l.j. 7h-20h • Bière : 2,40 €.

LE BAR O MÈTRE
Bar de plage ⑧

Ce petit bar en front de mer, bien connu des Dieppois, n'a rien d'époustouflant en soi mais offre une vue imprenable sur les falaises et la mer depuis sa terrasse. L'idéal est d'aller y boire un verre au coucher du soleil.

À Dieppe. 51, rue Alexandre-Dumas • ☎ 02 32 90 12 31 • De début avr. à début sept. : mar.-dim. 10h-coucher du soleil • Bière : de 3,70 à 4,20 €.

Le Bar O Mètre

Honfleur (Visite 6 - p. 82)

LE PERROQUET VERT
Bar à bières ⑨

Avec son mélange de pierres apparentes et d'Inox, sa cheminée, son vieux piano et ses clichés

noir et blanc de photographes honfleurais, Le Perroquet Vert plante un décor chaleureux baigné de musique pour siroter l'une des 80 bières en provenance du monde entier.
52, quai Sainte-Catherine • ☎ 02 31 89 14 19 • Mai-oct. : t.l.j. 8h-2h ; hiver : t.l.j. 9h-1h • Bière : à partir de 3,90 €.

CHEZ D.D.
Bar à vins ⑩

Dans ce bar du quartier Saint-Léonard, on déguste des vins français de caractère, accompagnés de planches de fromages et de charcuterie, de petits plats froids, d'huîtres, de coquilles Saint-Jacques, de foie gras... ou de chocolat ! Accueil sympa et bons conseils pour la dégustation.

Le casino de Trouville

28, rue Cachin • ☎ 02 31 87 17 86 • T.l.j. sf lun. midi 11h30-23h • Verre de vin : de 3,20 à 9 €.

Trouville et Deauville (Visite 7 - p. 90)

CASINO BARRIÈRE
Casino ⑪

Ambiance jazz et Mississippi pour jouer à l'une des 200 machines à sous ou aux jeux de table traditionnels : boule, roulette, black-jack, punto banco et poker. Le casino abrite une brasserie face à la mer (musique live le samedi soir), un bar de nuit et une salle de spectacle (concerts, cabaret, thés dansants...).
À Trouville. Pl. du Maréchal-Foch • ☎ 02 31 87 75 00 • T.l.j. 9h30-2h (3h ven., 4h sam.).

WILLY CAFÉ
Bar ⑫

Une ambiance de vieux bistrot parisien et une petite terrasse ensoleillée font tout le charme de cette adresse où s'arrêtent Trouvillais et vacanciers depuis plus de trente ans. Tout le monde s'y croise, pour bavarder, siroter une Paillette (la bière havraise), regarder un match, engloutir un croque au camembert ou jouer au backgammon.
À Trouville. 79, rue des Bains • ☎ 02 31 98 43 66 • T.l.j. 9h30-21h.

Chez Guillou

CASINO BARRIÈRE
Casino ⑬

Ce casino de légende est le cœur battant de Deauville. Palais blanc, scintillant à la nuit tombée, différents univers s'y côtoient dans un décor somptueux : salle des machines à sous (plus de 300), salon des jeux de table, trois restaurants, deux bars, un night-club, un cinéma et un petit théâtre à l'italienne qui accueille concerts et spectacles.

À Deauville. 2, rue Edmond-Blanc • ☎ 02 31 14 31 14 • T.l.j. 10h-2h (3h ven., 4h sam., veille de j.f. et juil.-août).

Cabourg et la Côte Fleurie (Visite 8 - p. 98)

HURRICANE BAR
Bar ⑭

Une déco kitsch et colorée façon récup', des serveurs sympas, une carte de cocktails et de bières interminable, des tapas et planchas, des jeux de société à disposition et une vaste terrasse vous attendent dans ce bar bohème et chaleureux de Villers.

À Villers-sur-Mer. 22, rue du Maréchal-Foch • ☎ 06 60 03 54 56 • T.l.j. 12h-minuit ; f. jeu. en juil.-août • Bière : 3 €.

CHEZ GUILLOU
Bar à cocktails ⑮

Un monument de Cabourg ! Dans ce bar au décor inchangé depuis 1957, les générations se succèdent et se mélangent pour siroter des cocktails à la crème fraîche ou aux fruits. Les recettes authentiques de Monsieur Guillou, le cadre rétro et l'ambiance conviviale, voilà les ingrédients d'une bonne soirée !

À Cabourg. 4, av. de la Mer • ☎ 02 31 91 31 31 • Ven.-dim. 18h30-2h (t.l.j. en juil.-août et vac. scol.) • Cocktail : 10 €.

Boutiques PAR QUARTIER

Le Havre (Visite 4 - p. 70)

LH CONCEPT STORE
Streetwear ①

LH pour Le Havre. Tout a commencé avec ce logo, imaginé par les frères Alix et Hugo Froumentin Chesnel, hommage à leur ville natale. Friands de culture américaine, de skate, de graff et de musique, les deux frères ont conçu tout une gamme de vêtements streetwear estampillés LH : tee-shirt, sweats, chemises, casquettes... Des collections multigénérationnelles qu'on pourrait croire tout droit sorties d'une boutique branchée de Los Angeles.

78, rue Bernardin-de-Saint-Pierre • ☎ 02 35 43 47 75 • www.lhconceptstore.com • Lun.-sam. 10h-19h.

CAFÉ OCÉANE
Torréfacteur ②

Adresse que les amateurs se transmettent de bouche à oreille, c'est l'une des dernières boutiques de torréfaction du Havre, premier port d'importation de café en France. Une odeur entêtante vous guidera jusqu'à l'échoppe où une douzaine de sortes de cafés pures origines sont torréfiés par Thierry Lesueur. On peut aussi y acheter du thé bio en vrac et

LH Concept Store

du thé Dammann en sachet.
29, rue Pierre-Brossolette • ☎ 06 83 45 99 66 • Lun.-ven. 9h-12h15.

LOHO LE LOCAL SHOP
Produits normands ③

Cette jolie boutique dans l'air du temps met à l'honneur les produits locaux. De l'épicerie fine 100 % made in Normandie, de la sardine en boîte aux bières brassées en Normandie, en passant par les biscuits, caramels, chocolats, miels et autres confitures. C'est aussi la joyeuse vitrine de créateurs havrais : totebags, mugs, carnets, savons, cartes postales et bougies naturelles estampillés Le Havre.
165, rue de Paris • ☎ 02 35 42 55 59 • www.loho.fr • Été : lun. 14h-19h, mar.-sam. 10h-19h, dim. 10h-13h et 15h-18h ; reste de l'année : mar.-sam. 10h-19h ; hiver : f. dim. apr.-m. et lun.

AU PARRAIN GÉNÉREUX
Chocolats ④

Cette chocolaterie, la plus ancienne et la plus réputée du Havre, est

LoHo Le Local Shop

ouverte depuis la fin du XIXe s. et s'est installée ici en 1951. Ses spécialités ? Les dragées et les chocolats fins qui sont fabriqués sur place. Son produit phare : le praliné à l'ancienne. Divin !
123, rue du Maréchal-Joffre • ☎ 02 35 42 32 75 • Mar.-sam. 9h-12h et 14h-19h.

La Côte d'Albâtre, d'Étretat au Tréport (Visite 5 - p. 76)

LIN ET L'AUTRE
Mode/maison ⑤

Entre la droguerie, la mercerie et la brocante, cette jolie boutique de Varengeville en pince pour le lin, la spécialité locale, et l'art du fait maison. Vêtements, bijoux et linge de maison en lin, on trouve ici des créations en série limitée et toute la matière première pour les reproduire chez soi. Une mine d'idées pour les amateurs de DIY !
À Varengeville-sur-Mer. Pl. des Canadiens • ☎ 02 35 04 93 37 • www.linetlautre-normandie.fr • T.l.j. 10h-13h et 14h-19h (18h en hiver).

Honfleur (Visite 6 - p. 82)

GRIBOUILLE
Produits normands ⑥

Cet ancien brocanteur surnommé Gribouille est une figure locale. Vous ne viendrez pas dans sa boutique envahie par une collection de fouets anciens pour chiner, mais pour faire le plein de bons produits normands dénichés dans les petites fermes alentour : terrines, confitures, calvados, cidres fermiers, pommeaux que l'on peut goûter avant d'acheter. Une référence !

16, rue de l'Homme-de-Bois • ☎ 02 31 89 29 54 • Lun.-mar. et jeu. 9h30-12h45 et 14h-19h ; sam.-dim. 9h30-19h ; f. à 18h30 en hiver.

CAMPAGNE, DENTELLE ET ROUDOUDOUX
Brocante/vintage ⑦

Remplie de trésors de nos grands-mères, l'échoppe d'Anice est un must pour faire de jolies trouvailles rétro dénichées en Normandie : robes, souliers, sacs, bijoux, vieux linge, vaisselle rétro, petits meubles, jouets, meubles de poupées, vieilles cartes postales, objets de charme et curiosités. On ne trouve que des jolies pièces des années 1800 à 1970 avec une prédilection pour les années 1940-1950.

41, rue Haute • ☎ 06 60 58 66 06 • T.l.j. 11h-13h et 14h30-19h ; f. mar. et mer. hors vac. scol.

Lin et l'autre

Trouville et Deauville (Visite 7 - p. 90)

AU CYGNE
Vêtements marins ⑧

En 30 ans, Richard, ancien patron pêcheur, est devenu la référence du style marin à Trouville. Une pêche miraculeuse de cirés, tricots marins en pure laine vierge, pantalons à pont, vareuses (blouse de travail du pêcheur), bottes et marinières pour petits ou vieux loups de mer, tous fabriqués en Bretagne ou en Normandie.

À Trouville. 94, bd Fernand-Moureaux • ☎ 02 31 88 13 90 • T.l.j. 10h30-19h ; f. mar. et mer. hors vac. scol.

POISSONNERIE PILLET-SAITER
Produits de la mer ⑨

Impossible de faire un tour au marché aux poissons sans rapporter un bocal de la légendaire soupe de poisson façon Jeannette (7 €), produit phare de la poissonnerie familiale Pillet-Saiter dont le savoir-faire remonte à 1887 ! Les habitués viennent même avec leur bouteille en plastique pour se régaler de la soupe du jour sur le port.

À Trouville. Marché aux poissons, bd. Fernand-Moureaux • ☎ 02 31 88 02 10 • T.l.j. 8h-20h.

LA CAVE TROUVILLAISE
Caviste ⑩

Pour faire la razzia sur les calvados, la Cave Trouvillaise possède plus d'un trésor parmi les vins et les spiritueux qui peuplent ses hautes étagères. Une sélection pointue truffée de millésimes, avec des références du pays d'Auge et des bouteilles d'exception (vieux Camut, Huard...). Vous y trouverez aussi un grand choix de poirés, de pommeaux et de cidres.

À Trouville. 34-36, rue des Bains • ☎ 02 31 88 87 49 • T.l.j. sf mer. 9h30-13h et 15h30-20h.

Poissonnerie Pillet-Saiter

CHEZ MADELEINE
Épicerie normande (11)

Pont-l'évêque, pavé d'Auge, livarot, camembert, deauville... les fromages normands de fabrication artisanale sont à l'honneur chez Madeleine, qui glane ses excellents produits chez les petits producteurs. La Normandie s'invite aussi dans les confitures fermières, biscuits, cidres et jus de pomme qui côtoient les produits bio. Madeleine est aussi présente sur le marché des halles voisines.

À Deauville. 13, rue de Breney • ☎ 02 31 88 17 86 • T.l.j. sf mer. 9h-13h et 15h-19h (dim. 9h-13h) ; f. lun. hors saison.

La Maison

LA MAISON
Déco/cadeaux (12)

Cachée dans une jolie villa 1880 sertie d'un jardin, l'adorable boutique de Véronique vous fera un gros coup de charme. Cette maison est remplie de merveilles et de petits trésors créatifs, entre design et éthique, avec une sélection aussi pointue qu'éclectique de meubles, vaisselle, linge de maison, lampes, objets décoratifs, vêtements et accessoires.

À Deauville. Place du Casino, 11, rue Edmond-Blanc • ☎ 07 64 09 19 67 • T.l.j. 10h30-13h et 15h-19h ; f. mar.-jeu. hors saison.

Cabourg et la côte Fleurie (Visite 8 - p. 98)

À LA RECHERCHE DU TEMPS PERDU
Déco/cadeaux (13)

Emblématique de Cabourg, cette enseigne réunit trois boutiques à touche-touche. On y trouve de beaux vêtements marins pour toute la famille, de jolis objets pour la maison dans l'esprit balnéaire, champêtre ou urbain, des jouets et un bazar de plage très chic : seaux, pelles, râteaux, cerfs-volants, maillots de bain...

À Cabourg. 3 bis, av. du Commandant-Touchard • ☎ 002 31 91 55 14 • T.l.j. 10h30-13h et 14h30-19h ; du 15 nov. à fin janv. : ven.-dim.

Hôtels
RÉGION DU HAVRE

Le Havre (Visite 4 - p. 70)

OSCAR HÔTEL

Face au Volcan de Niemeyer, l'Oscar Hôtel vous fait faire un bond dans les années 1950. Les 14 chambres, aux couleurs pimpantes, avec objets rétro et citations de Perret et de Niemeyer, occupent un immeuble classé du quartier Auguste Perret. Petit déjeuner varié et copieux.

106, rue Voltaire • ☎ 02 35 42 39 77 • www.hotel-oscar.fr • ch. double : de 59 à 115 € ; petit déj. : 9 €.

LE PETIT VATEL

En plein centre-ville, cet hôtel 2-étoiles, qui abrite 24 chambres lumineuses et confortables, vous accueille comme dans une maison de famille. Thé et tisanes à disposition dans le salon aux couleurs de la mer.

86, rue Louis-Brindeau • ☎ 02 35 41 72 07 • www.lepetitvatel.com • ch. double : de 65 à 85 € ; petit déj. : 9 €.

La Côte d'Albâtre, d'Étretat au Tréport (Visite 5 - p. 76)

DETECTIVE HOTEL

Ce petit hôtel à prix doux vous propose de dormir dans la chambre de Sherlock Holmes, Arsène Lupin, Hercule Poirot, Emma Peel, Colombo, Tintin ou Miss Marple. Au total, 13 chambres décorées en hommage aux plus fameux détectives.

À Étretat. 6 av. George-V • ☎ 02 35 27 01 34 • www.detectivehotel.com • ch. double : de 59 à 139 € ; petit déj. : 9 €.

Honfleur (Visite 6 - p. 82)

LA COUR SAINTE-CATHERINE

Cette maison d'hôtes essaime 8 ravissantes chambres avec salle de bains, un studio et un appartement dans un ancien couvent du XVIIe s. donnant sur un adorable jardin de curé. Petit déjeuner dans l'ancien pressoir ou sur la terrasse.

74, rue du Puits • ☎ 007 87 04 49 16 • www.coursaintecatherine.com • ch. double : 120, 140 et 200 €.

LA MAISON DE LUCIE

Petit hôtel de charme baignant dans un calme absolu, il abrite 12 chambres et suites raffinées avec vue sur la jolie cour pavée, les toits de Honfleur ou l'estuaire. Cave voûtée avec Jacuzzi.

44, rue des Capucins • ☎ 02 31 14 40 40 • www.lamaisondelucie.com • ch. double : de 170 à 200 € ; suites : 250 et 330 €.

Trouville et Deauville (Visite 7 – p. 90)

LE FLAUBERT

Au pied des Planches, le Flaubert offre une vue incomparable sur le large. La demeure néo-normande des années 1930, aux airs de maison de famille, diffuse un charme balnéaire avec ses chambres décorées de meubles chinés et d'affiches rétro. L'hôtel a su se constituer une clientèle fidèle.

À Trouville. Rue Gustave-Flaubert • ☎ 02 31 88 37 23 • www.flaubert.fr • F. de mi-nov. à mi-mars • ch. double : de 129 à 179 €.

HÔTEL DE LA COUR FLEURIE

Capucine, Campanule, Coquelicot, chacune des chambres de ce petit hôtel 2 étoiles, à deux pas de l'hippodrome, s'inspire des fleurs pour créer une décoration fraîche et lumineuse. Aux beaux jours, on prend le petit déjeuner dans le jardin fleuri.

À Deauville. 55, av. de la République • ☎ 02 31 98 47 47 • www.hoteldelacotefleurie.com • F. 3 sem. en janv.• ch. double : de 69 à 105 € ; petit déj. : 9 €.

Cabourg et la côte Fleurie (Visite 8 – p. 98)

HÔTEL OUTRE-MER

Face à la mer, l'hôtel Outre-Mer ne manque pas de charme avec ses chambres colorées, dont certaines s'ouvrent sur un balcon ou une terrasse, et son délicieux salon de thé baigné de soleil où l'on se régale de pâtisseries maison.

À Villers-sur-Mer. 1, rue du Maréchal-Leclerc • ☎ 02 31 87 04 64 • www.hoteloutremer.com • ch. double : de 79 à 159 € ; petit déj. : 14 €.

HÔTEL EUCALYPTUS

Jardin fleuri de rosiers centenaires, chambres raffinées, salon au parfum Belle Époque avec boiseries et peintures murales d'origine... dans une belle et paisible villa balnéaire de 1880 reconvertie en petit hôtel de charme, à 100 m de la plage.

À Houlgate. 25, av. des Alliés • ☎ 02 31 57 24 15 • www.lamaisondemilie.net • ch. double : de 79 à 160 € ; petit déj. : 9,90 €.

La région DE CAEN

On entre ici sur les terres du Débarquement et de la bataille de Normandie où l'histoire se lit au détour des plages, des blockhaus transformés en musées et des immenses nécropoles militaires. Un poignant voyage de mémoire qui débute à Caen, la cité de Guillaume le Conquérant, martyrisée par les bombardements de 1944. Le Mémorial de Caen, Cité de l'histoire pour la paix, est un passage obligé pour qui veut comprendre cette page majeure de l'histoire. Un passionnant prélude aux plages mondialement connues de la Côte de Nacre : des kilomètres de sable épinglés de stations balnéaires populaires où l'on remonte le fil du D-Day, de Sword Beach à Utah Beach, à l'orée du Cotentin. Il reste à découvrir Bayeux, première ville libérée de France, pour ses vieilles ruelles embaumant la Normandie d'autrefois et sa fameuse tapisserie qui mérite à elle seule le détour.

N
MANCHE
Barfleur
Montfarville
Saint-Vaast-
la-Hougue
Plages du débarquement
Côte de Nacre
Utah
Beach
Pointe
du Hoc
Omaha
Beach
Port-en-Bessin
Grandcamp-
Maisy
St-Laurent
sur-Mer
VISITE
10
P. 144
Formigny
Juno Beach
Arromanches-
les-Bains
D 514
D 974
N 13
Cimetière
allemand de
la Cambe
Longues-
sur-Mer
Lion-s.-Mer
Dives-
sur-Mer
Courseulles-
s-Mer
Carentan-
les-Marais
Colleville-
sur-Mer
Ouistreham
Creully
Bayeux
VISITE
11
P. 154
Hermanville-
s.-Mer
Bénouville
Cabourg
Parc nat. rég.
des Marais du Cotentin
et du Bessin
D 15
D 572
N 13
Varaville
Pégasus Bridge
Ornavik
A 13
Cerisy-
la-Forêt
D 675
N 174
Tilly-sur-Seulles
CAEN
VISITE
9
P. 136
Dives
D 29
Saint-Lô
D 972
D 9
Fleury-sur-Orne
D 972
Bellengreville
D 613
D 8
Vire
D 13
Villers-Bocage
Orne
D 40
D 23
N 158
MANCHE
(50)
D 38
D 562
Hambye
A 84
D 577
Le Hom
CALVADOS
(14)
D 674
D 56
Falaise
D 511
Condé-sur-
Noireau
D 13
D 658
Vire
D 512
Villedieu-
les-Poêles
D 577
D 958
D 39
D 924
Flers
0
10
20 km
Sée
D 22

Infos pratiques
RÉGION DE CAEN

COMMENT VENIR DANS LA RÉGION

En voiture : Caen, porte d'entrée incontournable pour rejoindre les plages du Débarquement, est rapidement accessible par autoroute, **de Paris** par l'**A13** (Paris-Caen : 238 km). De Caen, on rejoint Bayeux par la **N13** et la D613, et Ouistreham par la D515 et la D514. **De la Province,** trois autres axes permettent de relier Caen : l'**A84** est l'accès depuis Rennes et Avranches ; l'**A28** et l'A88 depuis Poitiers et Argentan. La **N13**, parallèle au littoral, relie Ouistreham à Utah Beach en desservant Caen et Bayeux.

En train : Caen est reliée aux principales villes françaises. Comptez environ 2 h depuis Paris-Saint-Lazare. Même temps de trajet pour Bayeux.

En avion : L'aéroport de Caen-Carpiquet se situe à 23 km de Caen. Le bus Lianes 3 de Twisto relie le centre-ville de Caen en 30 min (compter 1,50 €). **Hop !** assure des liaisons depuis Lyon (1 h 10), **Volotea** depuis Marseille, Toulouse, Bastia, Ajaccio et Figari, et **Chalair** depuis Brest et Nantes.

Aéroport de Caen-Carpiquet : ☎ 02 31 71 20 10, www.caen.aeroport.fr • Hop ! : ☎ 0 892 70 22 22, www.hop.com • Volotea : www.volotea.com • Chalair Aviation : ☎ 0 892 70 04 49, www.chalair.eu

En bus : les compagnies de bus low cost **Ouibus** et **Flixbus** desservent quotidiennement Caen et Ouistreham-Riva-Bella depuis Paris et les grandes villes de France (à partir de 9 € depuis Paris).

www.ouibus.com • www.flixbus.fr

PRINCIPAUX OFFICES DE TOURISME

Office du tourisme de Caen : place Saint-Pierre (en face de l'église) • ☎ 02 31 27 14 14 • www.caenlamer-tourisme.fr

Office du tourisme de Bayeux : Pont Saint-Jean • ☎ 02 31 51 28 28 • bayeux-bessin-tourisme.com

Office du tourisme de Ouistreham : Jardins du Casino, esplanade Lofi • ☎ 02 31 97 18 63 • www.caenlamer-tourisme.fr

CIRCULER DANS LA RÉGION

Malgré un bon réseau de transports en commun autour de Caen, la voiture est la solution la plus pratique pour visiter les sites du Débarquement.

Les **Bus Verts du Calvados** permettent de circuler facilement entre Caen, Bayeux et les plages de la Côte de Nacre (tarif en fonction des zones kilométriques) : ligne 3 (Caen-Ver-sur-Mer via Luc-sur-Mer, Saint-Aubin-sur-Mer, Courseulles-sur-Mer), ligne 30 (Caen-Bayeux), ligne 74 (Ouistreham, Courseulles-sur-Mer, Arromanches-les-Bains-Bayeux et une partie des plages du Débarquement en juil.-août), ligne 70 (Bayeux, Grandcamp, Maisy via Port-en-Bessin, Colleville-sur-Mer, Saint-Laurent-sur-Mer et Vierville-sur-Mer). Pratique mais le service est limité le week-end !

Les **bus Twisto** (ticket 1,50 €) relient Caen à la mer : ligne 61 et 61 Express (services quotidiens jusqu'à Ouistreham, Colleville-Montgomery, Hermanville-sur-Mer et Lion-sur-Mer), ligne Gare Maritime Express (Ouistreham en 30 min). Des trains font la liaison entre Caen et Bayeux en 15-20 min.

Bus Verts : ☎ 09 70 83 00 14, www.busverts.fr • Bus Twisto : ☎ 02 31 15 55 55, www.twisto.fr

Chars à voile à Ouistreham

QUELQUES DISTANCES PAR LA ROUTE

Caen-Rouen : 129 km • **Caen-Le Havre** : 96 km • **Caen-Mont-Saint-Michel** : 125 km • **Caen-Ouistreham** : 18 km • **Caen-Arromanches-les-Bains** : 29 km • **Caen-Bayeux** : 30 km • **Caen-Colleville-sur-Mer** : 52 km • **Bayeux-Arromanches-les-Bains** : 12 km • **Bayeux-Colleville-sur-Mer** : 17 km • **Bayeux-Ouistreham** : 44 km • **Utah Beach-Ouistreham** : 102 km.

9 Caen

● Restos & bistrots p. 165 ● Bars, clubs & sorties p. 170 ● Boutiques p. 172

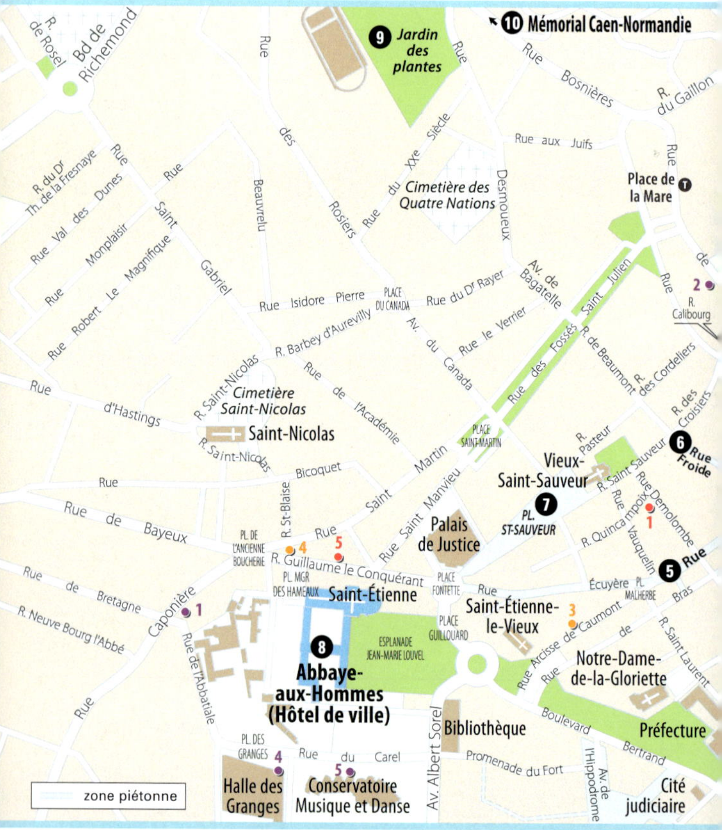

En flânant dans les rues de Caen, on a peine à croire que la ville fut détruite à 70 % pendant la Seconde Guerre mondiale. Les hôtels particuliers, les rues pavées du Vaugueux, les deux abbayes, la presqu'île, où se construit le Caen du XXIe s., le port de plaisance, le canal de l'Orne et les jardins forment un écrin de charme au château de Guillaume le Conquérant, icône légendaire de la cité.

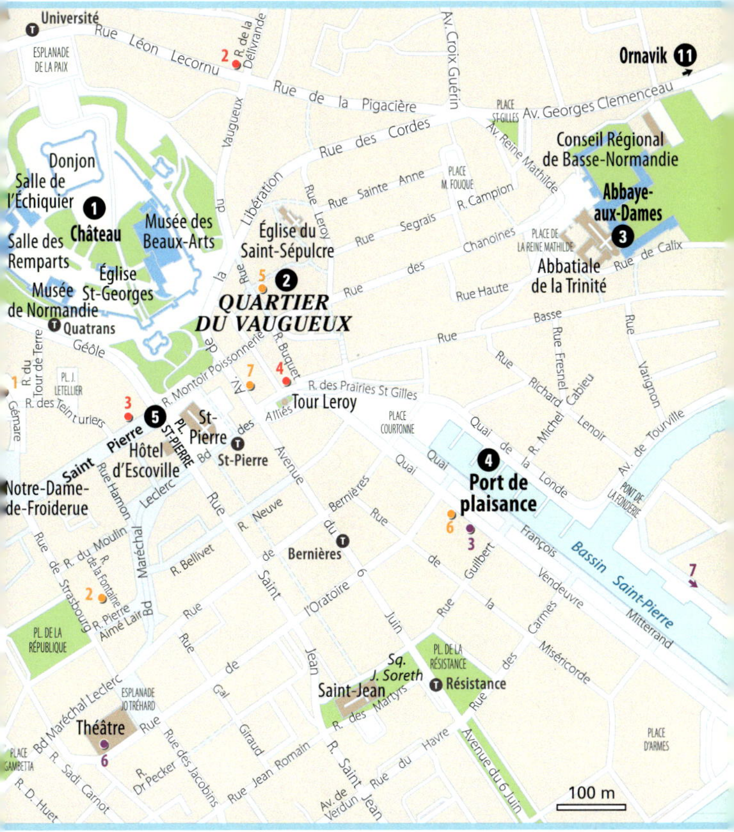

❶ CHÂTEAU DE CAEN*

Dominant la ville du haut de son rocher, le château édifié en 1060 par Guillaume le Conquérant, puis sans cesse fortifié et reconstruit, présente l'une des plus vastes enceintes d'Europe. Du château ducal ne subsiste que la belle **salle** romane de **l'Échiquier**. Vouée à la culture et aux loisirs, la forteresse abrite un centre d'interprétation du château niché dans **l'église Saint-Georges**, les musées de Normandie et des Beaux-Arts, un parc de sculptures, un jardin des simples et des jeux pour enfants. Grimpez sur les remparts pour admirer la ville hérissée de ses nombreux clochers.

Musée de Normandie**

L'ancien logis du gouverneur (XVIIe-XVIIIe s.) accueille de riches collections archéologiques et ethnographiques, composées de plus de 10 000 œuvres et objets, qui font le tour de l'identité normande : histoire, religion, paysages et paysans, artisanat, industrie, costumes et coutumes. Casques de l'âge du bronze y côtoient poteries, armoires de mariage, luxueuses dentelles, coiffes et costumes de cérémonie.

Billetterie à l'église Saint-Georges • ☎ 02 31 30 47 60 • www.musee-de-normandie.caen.fr • Lun.-ven. 9h30-12h30 et 14h-18h, sam.-dim. et j.f. 11h-18h ; f. lun.-mar. de nov. à mai et certains j.f. • Entrée : 3,50 € ; 5,50 € avec expos temporaires ; gratuit 1er dim. du mois.

Musée des Beaux-Arts***

Plus de cinq siècles d'art, du XVe au XXIe s., sont accrochés aux murs de ce musée contemporain qui possède l'une des plus importantes collections de peinture européenne

Pause British : Dolly's

Ambiance vintage outre-Manche dans ce restaurant-café-salon de thé à proximité du château de Caen. Les *breakfasts* y sont copieux, les repas à tendance bio et végétarienne, et les goûters, d'inspiration britannique : gâteaux aux carottes, brownies, scones et autres douceurs. Brunch le dimanche.

● 7 • 16-20, av. de la Libération • ☎ 02 31 94 03 29 • Mar. 11h-23h30, mer.-jeu. 10h-23h30, ven.-dim. 10h-1h • Formules : de 12 à 15,50 €.

Abbaye-aux-Dames

des XVIe et XVIIe s. en France. *Le Paiement de la dîme* de Brueghel le Jeune, une *Descente de croix* du Tintoret ou le *Judith et Holopherne* de Véronèse sont quelques-uns de ses trésors, auxquels s'ajoutent une formidable collection de 50 000 gravures (Dürer, Tiepolo, Rembrandt...) et des chefs-d'œuvre de la peinture du XIXe s. signés Monet *(Étretat, La Manneporte)*, Boudin, Corot ou Courbet. La visite continue à ciel ouvert avec le parc de sculptures contemporaines.

Billetterie à l'église Saint-Georges • ☎ 02 31 30 47 70 • www.mba.caen.fr • Lun.-ven. 9h30-12h30 et 14h-18h, sam.-dim. et j.f. 11h-18h ; f. lun.-mar. en basse saison et certains j.f. • Entrée : 3,50 € ; 5,50 € avec expos temporaires ; gratuit 1er dim. du mois.

❷ QUARTIER DU VAUGUEUX★★

Piétonnier et baigné d'une joyeuse animation, cet ancien faubourg, qui tourne autour de la rue du Vaugueux, fut longtemps un quartier mal famé et insalubre. Dans ce « val des gueux », le choléra fit plusieurs fois des ravages et seuls quelques bars y avaient pignon sur rue...
De nos jours, on se rend avec plaisir « au Vaugueux » pour ses ruelles pavées, ses restaurants à touche-touche et ses belles maisons à pans de bois.

❸ ABBAYE-AUX-DAMES★★★

Cette somptueuse abbaye bénédictine fut fondée vers 1060 par Mathilde de Flandre en expiation du mariage consanguin avec son cousin Guillaume le Conquérant. Tour à tour caserne, hôpital et hospice, elle est aujourd'hui le siège du conseil régional de Normandie (depuis la fusion des deux anciennes régions en 2016). Reconstruit au XVIIIe s. dans un style classique, le couvent a compté Charlotte

Corday parmi ses pensionnaires. On vous conseille la visite guidée : cloître, escalier d'apparat, cuisine et réfectoire, lavatorium et salle du chapitre prennent une tout autre dimension. La salle « Peindre en Normandie » réunit des œuvres de Boudin, Monet, Corot, Courbet et Dufy. Joyau de l'art roman normand, l'**église abbatiale de la Sainte-Trinité** cache le tombeau de la reine Mathilde et une crypte exceptionnelle.

Place de la Reine-Mathilde • Accès libre, visite guidée gratuite t.l.j. à 14h30 et 16h • Exposition : t.l.j. 14h-18h • Église : t.l.j. 8h-18h.

4 PORT DE PLAISANCE**

Cliquètement des mâts, pontons de bois et cris des mouettes… L'air du large souffle bien à Caen ! Le bassin Saint-Pierre, relié depuis le XIXe s. au canal de Caen à la mer, a troqué ses navires de commerce pour les bateaux de plaisance. On vient flâner sur ses quais à pied ou à vélo, s'attarder aux terrasses, butiner dans les boutiques ou le marché du dimanche matin. En face se déploie l'ancienne friche portuaire et industrielle de la presqu'île où se dessine le Caen de demain.

5 PLACE ET RUE SAINT-PIERRE**

La Renaissance a laissé des splendeurs à Caen comme en témoignent le délicat chevet de l'église **Saint-Pierre** et la cour éclatante de **l'hôtel d'Escoville**, avec sa loggia et ses lanternons. La longue rue commerçante cache

Cœur de l'église Saint-Pierre

Place Saint-Sauveur

des maisons jumelles à pans de bois (n° 52/54) de la fin du XVe s. et l'**église Saint-Sauveur** (ex-Notre-Dame-de-Froide-Rue), petit édifice gothico-Renaissance original avec ses nefs accolées, sa tour-clocher, ses voûtes en bois et son escalier à vis qui ne conduit nulle part ! Elle cache la jolie cour des Imprimeurs aux façades Renaissance. Place Malherbe, la maison natale du célèbre poète précède les nombreux bars de la rue Écuyère.

❻ RUE FROIDE**

Cette rue sinueuse et étroite, l'une des plus anciennes de Caen, égrène avec charme petites boutiques et belles maisons des XVe-XVIIIe s. Arcades en rez-de-chaussée, cours intérieures aussi longues que des ruelles (n° 10, avec ses maisons à pans de bois, et n° 16 à 20) incitent à pousser les portes cochères qui cachent quelques façades de manoirs insoupçonnables depuis la rue.

❼ PLACE SAINT-SAUVEUR**

Superbement éclairée quand vient la nuit, la place Saint-Sauveur a des dimensions peu communes qui forment un trapèze de près de 7 000 m². Véritable condensé d'architecture du XVIIIe s., elle regroupe plusieurs hôtels particuliers entre lesquels se fond l'église du Vieux-Saint-Sauveur. Au centre, on s'amuse de la statue un rien anachronique d'un Louis XIV en toge ! Le vendredi est un jour faste à ne pas manquer : poursuivant sa vocation initiale, la place se couvre d'étals pour le marché.

Cloître de l'Abbaye-aux-Hommes

❽ ABBAYE-AUX-HOMMES★★★

Fondée en 1063 par Guillaume le Conquérant, c'est la version masculine de l'Abbaye-aux-Dames. Reconstruits au XVIIIe s., transformés en lycée par Napoléon, les bâtiments monastiques, aujourd'hui occupés par l'**hôtel de ville**, cachent de très belles salles réparties autour du cloître : chauffoir, scriptorium, salle du chapitre, sacristie... Pendant les bombardements de juin 1944, plus de 1 400 personnes ont vécu un mois entre les murs de l'impressionnante **église Saint-Étienne**, merveilleuse fusion des styles roman et gothique, où ce qui reste du Conquérant (un fémur !) a été inhumé.

Esplanade Jean-Marie-Louvel • ☎ 02 31 30 42 81 • www.caen.fr/adresse/abbaye-aux-hommes. **Bâtiments conventuels et hôtel de ville** : visite libre t.l.j. ; 4 € • Visites guidées oct.-mars : lun.-ven. à 10h30 et 14h, dim., vac. scol. et j.f. à 10h30, 14h et 16h (4,50 €) ; avr.-juin et sept. : t.l.j. à 10h30, 14h et 16h (7 €), juil.-août : t.l.j. à 10h, 12h30, 14h, 15h, 16h et 17h30 (7 €). **Église** : lun.-jeu. 8h-18h (18h30 en été), ven. 8h-17h (18h en été), sam.-dim. 9h30-13h et 14h-18h (9h30-18h30 en été) hors offices religieux • Accès libre.

❾ JARDIN DES PLANTES★

La botanique a pris racine dans ce charmant jardin qui mêle parcours bucolique et serres tropicales. À l'extérieur, flore de Basse-Normandie et plantes culinaires et médicinales sont regroupées en rangs bien serrés. Dans les serres, la chaleur humide et les cris d'oiseaux accompagnent les plantes exotiques. Jeux pour enfants, rocailles et arbres remarquables complètent cette agréable pause nature.

Place Blot • ☎ 02 31 30 48 38 • T.l.j. 8h-20h (10h sam.-dim.), 18h30 mars. et sept.-oct., 17h30 nov.-fév. • Serres : t.l.j. 13h-17h • Accès libre.

⑩ MÉMORIAL CAEN-NORMANDIE***

Riche de nombreux témoignages écrits et audio, ainsi que de milliers d'objets-témoins, cet extraordinaire musée situé sur un ancien bunker allemand est un lieu de mémoire unique et vivant qui s'adresse à toute la famille. Partagé en deux périodes – avant et après 1945 –, il retrace les principaux épisodes de l'histoire qui ont marqué le XXe s. En suivant la frise chronologique, on s'enfonce dans les entrailles du second conflit mondial, puis de la guerre froide, avec une idée claire des causes et des conséquences. À l'extérieur du bâtiment, l'ancien bunker souterrain réaménagé et les jardins du Mémorial prolongent la visite.

Esplanade Général-Eisenhower • ☎ 02 31 06 06 45 • www.memorial-caen.fr • 6 fév.-2 nov. : t.l.j. 9h-19h ; 3 nov.-31 déc. : t.l.j. sf lun. 9h30-18h ; f. janv. • Entrée : 19,50 € ; 51 €/famille.

⑪ ORNAVIK**

Aux portes de Caen, le **domaine de Beauregard**, écrin d'un château du XIXe s. de style troubadour et du festival pop Beauregard, abrite un parc accrobranche (www.beauregard-aventure.com), une base nautique (sorties en voilier ou kayak sur le canal de Caen à la mer) et le site d'**Ornavik**. Dans ce hameau carolingien et campement viking en cours de reconstruction, 150 bénévoles en costumes s'activent à monter charpentes et murs en pierre sèche, à construire un château à motte, à filer la laine, forger, cultiver et cuisiner. Un vrai voyage dans le temps !

À Hérouville-Saint-Clair. Domaine de Beauregard, 586, route de Ouistreham • ☎ 02 31 52 40 90 • www.ornavik.fr • Les dim. de mai à mi-sept. et les mer. des vac. de printemps et d'été 14h-18h30 • Entrée : 7,50 € ; 20 €/famille.

Mémorial Caen-Normandie

10 Les plages DU DÉBARQUEMENT

● Restos & bistrots p. 167 ● Bars, clubs & sorties p. 171 ● Boutiques p. 174

Des plages de sable clair, qui ont donné son nom à la Côte de Nacre, aux falaises et dunes du Bessin, cette portion du littoral normand est un immense champ de bataille lardé de cicatrices. Hauts lieux de mémoire, musées, cimetières militaires, batteries, casemates et blockhaus... Au fil des plages de Sword, Juno, Gold, Omaha et Utah, partez sur les traces du D-Day (p. 152) et des combats acharnés qui ont conduit à la libération de l'Europe en 1944.

❶ PEGASUS BRIDGE*

Sur le canal de l'Orne, l'ancien pont basculant de Bénouville a connu son heure de gloire dans la nuit du 5 au 6 juin 1944. Premier pont libéré, il fut pris en quelques minutes par les soldats britanniques venus en planeurs. Après la guerre, on le baptisa Pegasus Bridge en leur honneur : un cheval ailé (Pégase) était leur emblème. Remplacé par un nouveau pont en 1994, il est exposé dans le parc du Mémorial Pegasus. À son extrémité, le mythique Café Gondrée, première maison libérée, regorge de souvenirs de l'époque.

À Bénouville.

❷ MÉMORIAL PEGASUS*

Voué à la 6e division aéroportée britannique du Débarquement, ce musée raconte une histoire vivante et pleine d'émotions grâce aux photos et aux nombreux objets offerts par les vétérans de guerre et leurs familles. Une immense maquette visualise les opérations menées le 6 juin 1944, tandis qu'un petit film en fait le résumé. Le trésor du mémorial est le véritable **Pegasus Bridge**, acheté un franc symbolique et exposé dans le jardin. De près, on voit parfaitement les impacts de balles tirées la nuit du D-Day...

À Ranville. Av. du Major-Howard • ☎ 02 31 78 19 44 • www.memorial-pegasus.org • Avr.-sept. : t.l.j. 9h30-18h30 ; oct.-15 déc. et fév.-mars : 10h-17h • Entrée : 7,50 €.

❸ OUISTREHAM-RIVA-BELLA*

Si elle ne brille pas par sa beauté, la station balnéaire la plus proche de Caen possède une superbe plage de 3 km, un port de pêche et de plaisance, un centre de thalasso, un casino et un terminal de ferry qui relie Ouistreham à Portsmouth, en Angleterre. Dans l'ancien bourg, l'**église romane** et la **grange aux dîmes** forment un bel ensemble médiéval. Dressé à l'entrée du port depuis 1905, le **phare** rouge de Ouistreham dispense du haut de ses 38 m un beau panorama sur l'estuaire de l'Orne et les longs rubans de sable de la Côte de Nacre et de la Côte Fleurie.

Pause sucrée : Simard

On vient de la plage en sachant déjà que la queue sera longue... C'est le prix à payer pour déguster les « guiguis » (pâte à berlingot fondante tournée sur un bâton), les glaces aux parfums classiques ou plus étonnants (Guinness, sirop d'érable, pomme-cidre...), les crêpes et les gaufres. Tout est fait maison, tôt le matin, et tout est bon !

● 13 • À Ouistreham. 85, av. de la Mer • ☎ 002 31 96 71 19 • Vac. scolaires et période estivale : t.l.j. 12h-minuit ; hors saison : w.-e. 12h-minuit.

En face, la halle aux poissons propose une pêche quotidienne qui frétille encore dans les bacs.
Visite du phare le w.-e. en juil.-août : rens. sur www.ouistreham.fr.

Musées de la Seconde Guerre mondiale*

Ces petits musées mettent en lumière les deux forces en présence pendant le Débarquement. L'**ancien bunker du mur de l'Atlantique** dévoile les salles où opérait alors le quartier général allemand : dortoir, infirmerie, armurerie, salle de transmissions radio... Tout en haut, une grande pièce circulaire offre une vue imprenable sur la mer et l'estuaire. Face au casino, le **musée N° 4 Commando** retrace quant à lui l'épopée du commando auquel participèrent les 177 Français du général Kieffer, qui s'illustra sur la plage de Ouistreham.
Grand Bunker, musée du Mur de l'Atlantique : av. du 6-Juin • ☎ 02 31 97 28 69 • www.museegrandbunker.com • T.l.j. 9h-19h (oct.-mars : 10h-18h) ; f. 25 déc. et 1er janv. • Entrée : 7,50 €.
Musée du n° 4 Commando : pl. Alfred-Thomas • ☎ 02 31 96 63 10 • www.musee-4commando.fr • De début avr. à mi-oct. : t.l.j. 10h-13h et 13h30-18h30 • Entrée : 5 €.

❹ HERMANVILLE-SUR-MER ET LION-SUR-MER*

Liées par une aventure balnéaire commune, Hermanville et Lion essaiment quelques-unes des plus belles villas de la Côte de Nacre construites à partir du milieu du XIXe s. pour accueillir la clientèle huppée des premiers bains de mer. Le prétexte d'une agréable promenade le long de la plage illustrant un siècle d'architecture balnéaire. La plus étonnante se trouve à Hermanville (272, rue du Pré-de-l'Isle mais visible côté plage) : tout en courbes, habillée de galets et de coquillages, **La Bluette** a été dessinée par le pape de l'Art nouveau, Hector Guimard.
Office du tourisme d'Hermanville : pl. du Cuirassé-Courbet • ☎ 02 31 97 20 15. **Office du tourisme de Lion-sur-Mer** : 47, rue Edmond-Bellin • ☎ 02 61 53 60 02.

Curiosité

La petite station balnéaire et thermale de **Luc-sur-Mer**, réputée pour son air iodé et ses soins à base d'algues depuis 1858, a conservé l'impressionnant squelette d'une baleine qui s'échoua sur sa plage en 1885. Celui-ci est exposé dans le parc de l'Hôtel-de-Ville.

❺ CENTRE JUNO BEACH*

Dans son bâtiment de titane qui évoque une feuille d'érable, le Centre Juno Beach, installé sur la plage même où les troupes canadiennes débarquèrent le matin du 6 juin 1944, offre une meilleure compréhension de la contribution du Canada à la Seconde Guerre mondiale. 45 000 Canadiens ont donné leur vie pour libérer l'Europe, dont 5 500 au cours de la bataille de Normandie et 359 le Jour J. Photos, archives, témoignages, cartes et objets sont complétés par une présentation du Canada contemporain et la découverte des vestiges du Mur de l'Atlantique dans le parc Juno.

À Courseulles-sur-Mer, voie des Français-Libres • ☎ 02 31 37 32 17 • www.junobeach.org • Avr.-sept : t.l.j. 9h30-19h ; reste de l'année : t.l.j. 10h-17h (mars et oct. : 18h) • Entrée : 7 € (11 € avec le parc).

❻ ARROMANCHES-LES-BAINS*

Blottie entre ses falaises, la petite station balnéaire a conservé des vestiges de son **port artificiel** flottant, le fameux Mulberry B, dont les caissons Phoenix de 7 000 t, les plateformes et les jetées flottantes furent remorqués un à un de Grande-Bretagne et assemblés sur place en quelques jours au lendemain du Débarquement.

Le **musée du Débarquement** revient en détail sur cette prouesse technique et les coulisses du D-Day, tandis que le cinéma circulaire **Arromanches 360** nous propulse au cœur de la bataille de Normandie avec les images du film documentaire *Les 100 Jours de Normandie*.

Musée du Débarquement : pl. du 6-Juin • ☎ 02 31 22 34 31 • www.musee-arromanches.fr • Mai-sept. : t.l.j. 9h-19h (sept. : 18h) ; mars-avr. et oct. : t.l.j. 9h30-12h30 et 13h30-17h30 ; nov.-déc. et fév. : 10h-12h30 et 13h30-17h ;

Le pont artificiel d'Arromanches

f. 3 sem. en janv. • Entrée : 8 €.
Cinéma Arromanches 360 :
ch. du Calvaire • ☎ 02 31 06 06 45
• www.arromanches360.fr • Mai-août :
9h30-18h ; sept. : 10h-18h ; fév.-avr. et
oct.-déc. : 10h-17h ; f. 3 sem. en janv.
• Entrée : 6 €.

❼ BATTERIE DE LONGUES-SUR-MER*

Sur les hauteurs de Gold Beach, cette batterie de défense côtière allemande, immortalisée dans le film *Le Jour le plus long*, est l'une des rares à avoir conservé ses canons. Le poste de direction de tir et les quatre casemates en béton, avec leur canon de 150 mm pointé vers le large, forment un ensemble assez impressionnant. Malgré les bombardements aériens, la redoutable batterie était toujours opérationnelle au matin du 6 juin 1944 et tirait sur les navires alliés qui allaient bientôt la neutraliser.
À Longues-sur-Mer • ☎ 02 31 21 46 87
• Accès libre • Vis. guidée (5 €) à 11h40,
14h15 et 17h05, t.l.j. en juil.-août, le w.-e.
en avr.-juin et sept.-oct.

❽ PORT-EN-BESSIN**

Dans les paysages immortalisés par les peintres pointillistes Signac et Seurat, la cité portaise s'anime du va-et-vient des bateaux aux cales chargées de poissons et de coquilles Saint-Jacques. Des visites guidées dévoilent toutes les facettes du premier port de pêche artisanale du Calvados et permettent d'assister au spectacle de la débarque sous criée. De l'extrémité des jetées en arc de cercle, on contemple les hautes falaises qui encadrent la cité, sur laquelle veille la

Port-en-Bessin

tour Vauban, érigée en 1694 pour contrer les corsaires et les incursions anglaises.

Vis. guidée du port sur résa : ☎ 02 31 21 92 33, calendrier sur www.portenbessin-huppain.fr • Tarif : 5,50 €.

❾ OMAHA BEACH★★

Connues sous le nom d'« Omaha la sanglante », les **plages dorées de Colleville-sur-Mer**, **Saint-Laurent-sur-Mer** et **Vierville-sur-Mer** furent le théâtre de l'épisode le plus meurtrier du Débarquement allié. Sur la seule plage d'Omaha, des milliers de soldats américains ont péri au matin du 6 juin 1944, dont beaucoup de simples soldats qui n'avaient pas 20 ans. Débarquée dans une mer démontée, l'infanterie américaine se trouva piégée dans l'enfer de la plage, entre marée montante, falaises, barbelés et champs de mine, sous le déluge de feu des batteries allemandes. La première vague d'assaut fut décimée en cinq minutes. Quelques soldats, soutenus par l'artillerie de marine, parviendront, au prix d'un grand courage, à escalader le talus, prendre l'ennemi à revers et mettre fin au carnage.

❿ MUSÉE MÉMORIAL D'OMAHA BEACH★

Installé à proximité des plages d'Omaha, ce vaste musée dédié à la mémoire des jeunes soldats morts en 1944 abrite une importante collection de véhicules militaires, d'armes, de costumes et d'objets personnels de soldats. Photographies, panneaux explicatifs, reconstitutions et film d'archives avec témoignages de vétérans illustrent le tragique débarquement sur Omaha et l'épisode héroïque de la pointe du Hoc (p. 150).

À Saint-Laurent-sur-Mer, les Moulins, av. de la Liberté • ☎ 02 31 21 97 44 • www.musee-memorial-omaha.com • T.l.j. fév. : 10h-17h ; mars : 10h-18h ; avr.-mai et sept. : 9h30-18h30 ; juin : 9h30-19h ; juil.-août : 9h30-19h30 ; oct.-nov. : 9h30-18h • Entrée : 6,90 €.

⓫ COLLEVILLE-SUR-MER★★

Haut lieu de mémoire inscrit dans la douce campagne normande, le petit village rural fut au cœur des combats d'Omaha Beach. Son impressionnant cimetière américain est l'un des sites les plus émouvants sur le circuit des plages du Débarquement et l'Overlord Museum y explique la plus grande opération militaire de tous les temps. Une halte incontournable !

Overlord Museum★

Pendant près d'un demi-siècle, Michel Leloup, acteur de l'époque, a réuni une collection inédite de 10 000 pièces historiques provenant des champs de bataille normands : avion de reconnaissance, blindés, véhicules, canons, bombe volante, uniformes, ainsi que des centaines d'objets personnels de soldats, affiches et documents. Du Débarquement allié à la Libération de Paris, des reconstitutions grandeur nature illustrent toutes les étapes de l'opération Overlord. **Rond-point du cimetière américain • ☎ 02 31 22 00 55 • www.overlordmuseum.com • Juin-août : t.l.j. 9h30-19h ; avr.-mai et sept. : t.l.j. 10h-18h30 ; de mi-fév. à fin mars et oct.-déc. : t.l.j. 10h-17h30 • Entrée : 7,80 €.**

Cimetière américain★★

Si la plupart des défunts furent rapatriés, 9 387 soldats américains tués pendant la Seconde Guerre mondiale devaient trouver leur demeure éternelle en Normandie, sur ce site de 70 ha concédé à perpétuité aux États-Unis. Tournées vers l'ouest et leur pays natal, les milliers de croix blanches et étoiles de David qui s'étendent à l'infini surplombent la plage d'Omaha, avec cette vue à couper le souffle sur la mer, là où les milliers de navires sont apparus à l'aube du 6 juin 1944. Le site se compose d'un **Visitor Center** (exposition, film), d'un **mémorial** et d'un **jardin des Disparus**. **• ☎ 02 31 51 62 00 • www.abmc.gov • T.l.j. 9h-18h (de mi-sept. à mi-avr. : 17h) • Accès libre.**

⓬ POINTE DU HOC★★

Sur ce sublime éperon rocheux séparant Omaha Beach et Utah Beach, les Allemands avaient installé une importante batterie de canons tenant les deux plages dans sa ligne de mire. Les 225 Rangers du colonel Rudder eurent pour mission périlleuse d'escalader l'abrupte falaise de

Pointe du Hoc

30 m à l'aide de grappins, d'échelles et de cordes, de s'emparer des bunkers et de détruire les pièces d'artilleries. Seuls 90 Rangers atteignirent le haut de la falaise. L'assaut fut héroïque mais inutile. Les canons avaient été substitués par des poutres en bois ! On découvre aujourd'hui un champ de bataille presque intact, avec ses impressionnants cratères d'obus, ses barbelés et ses blockhaus ruinés.

À 5 km à l'O de Vierville-sur-Mer par la D514.

⓭ CIMETIÈRE MILITAIRE ALLEMAND DE LA CAMBE*

Des grappes de petites croix brunes au ras du sol, de simples plaques carrées alignées sur la pelouse, le cimetière allemand de la Cambe, émouvant d'humilité, reflète le statut du pays vaincu. Un contraste saisissant avec les cimetières des Alliés. Il abrite les sépultures de 21 200 soldats allemands et un jardin de la Paix planté de 1 200 érables.

À La Cambe, les Noires Terres, RN13 • ☎ 02 31 22 70 76 • T.l.j. 8h-19h (oct.-mars : 17h), à partir de 9h le w.-e.

⓮ UTAH BEACH – MUSÉE DU DÉBARQUEMENT**

Musée du débarquement

Utah Beach est le nom de code attribué à la seule plage du Cotentin concernée par le Débarquement. Sans grandes difficultés, 23 000 soldats américains et 1 700 véhicules ont pris d'assaut la vaste plage piquée d'oyats, qui n'a pas changé depuis le 6 juin 1944, si ce n'est le **musée du Débarquement** construit sur la dune autour d'un blockhaus allemand. Ce dernier retrace les événements du D-Day et présente une riche collection d'objets, de véhicules, de matériels et de témoignages. À voir, une barge de débarquement américaine, le très rare bombardier B26 et la salle panoramique face à la plage d'Utah.

À Sainte-Marie-du-Mont, plage de la Madeleine • ☎ 02 33 71 53 35 • www.utah-beach.com • Juin.-sept. : t.l.j. 9h30-19h ; oct.-mai : t.l.j. 10h-18h • Entrée : 8 €.

Le D-Day

L'histoire normande est dominée par une date incontournable : celle de l'opération Overlord, nom de code du Débarquement en Normandie, le 6 juin 1944. Prélude exceptionnel et tragique à la libération de l'Europe de l'occupation nazie, le D-Day (Decision Day ou Jour J) a renversé l'ordre du monde. La plus grande opération militaire de tous les temps fascine toujours autant par son audace stratégique, ses prouesses humaines et l'ampleur des moyens engagés.

LES DEUX CAMPS

Réunissant forces terrestres, aériennes et navales, **l'opération Overlord** a nécessité deux ans de préparation. Pour reprendre pied sur le continent européen par les côtes normandes, les Alliés, sous le commandement du général Eisenhower, réunissent une redoutable force d'assaut depuis leur camp de base en Angleterre : 135 000 hommes, 21 000 paras, appuyés par 20 000 véhicules, 12 000 avions (bombardiers, chasseurs...) et une armada de 7 000 navires, la plus grande que la mer ait jamais portée. Dans le camp allemand, 50 000 hommes, sous le commandement de Rommel, sont postés derrière le **Mur de l'Atlantique (Atlantikwall)**. Tout le long du littoral, blockhaus, batteries, murs antichars et champs de mines forment un redoutable rempart dressé par Hitler pour défendre les côtes depuis la tentative ratée du débarquement anglo-canadien à Dieppe en 1942. L'assaut initialement prévu le 5 juin est reporté au lendemain : la météo est exécrable.

Opération d'enfumage

Hitler est convaincu que le débarquement allié aura lieu dans le Pas-de-Calais, au plus près des côtes anglaises. Pour l'en convaincre, les Alliés montent la célèbre opération d'intoxication **Fortitude** : armée fictive basée dans le Kent, chars et jeeps en baudruche gonflables, avions en contreplaqué, bombardements du Pas-de-Calais, faux messages radio et révélations d'agents doubles... Le leurre fonctionne et mobilise les troupes allemandes dans le Pas-de-Calais jusqu'au mois d'août 1944. Sans Fortitude, le Débarquement n'aurait sans doute pas réussi...

LE JOUR LE PLUS LONG

Dans la nuit du 5 au 6 juin, la Résistance française sabote les voies ferrées et coupe les lignes téléphoniques, tandis que les bombardiers et la flotte alliés pilonnent les principales batteries allemandes. Des parachutistes sont largués aux extrémités du **front maritime**, qui s'étend de Sainte-Marie-du-Mont à Ouistreham, pour sécuriser la zone. À l'est, les paras anglais prennent les ponts de Bénouville et de Ranville, ainsi que la batterie de Merville. À l'ouest, les Américains prennent Sainte-Mère-Église. Les Allemands sont désorientés, les communications coupées : le Débarquement peut commencer. Entre 6h30 et 8h, les **135 000 hommes des cinq divisions alliées** débarquent sur cinq plages aux noms codés : **Utah Beach et Omaha Beach** (troupes américaines), **Gold Beach** (troupes britanniques), **Juno Beach** (troupes canadiennes) et **Sword Beach** (troupes britanniques et petit contingent français). Les hommes progressent sur la plage sous le feu des batteries allemandes, elles-mêmes pilonnées par les cuirassés alliés depuis le large. Les plages sont prises l'une après l'autre, certaines au prix fort, comme Omaha Beach où la première vague d'assaut est décimée en quelques minutes.

Batterie de Longues-sur-Mer

UN TERRIBLE BILAN

Au soir du 6 juin, les pertes alliées s'élèvent à 10 000 soldats morts, blessés, disparus ou prisonniers dont 2 500 à Omaha Beach. Le tant redouté Mur de l'Atlantique n'aura pas tenu une journée.

Le Débarquement est un succès mais la **bataille de Normandie** débute à peine. Cherbourg est délivré après trois semaines de combat, Caen, le 19 juillet, et il faut attendre le 12 septembre pour que Le Havre, dernière ville normande aux mains des Allemands, tombe : la ville est anéantie.

La liberté retrouvée aura été chèrement payée. La stratégie inefficace des Alliés, visant à bombarder les villes-carrefours (Caen, St-Lô...) pour retarder l'arrivée des renforts allemands, fut particulièrement destructrice. À la fin de la bataille qui aura duré **100 jours**, la région est un vaste champ de ruines. On déplore la mort de 20 000 Normands, la plupart tués par les bombardements alliés, et 300 000 personnes sans abri. La bataille fait 40 000 morts dans le camp des Alliés et au moins 100 000 du côté allemand.

11 Bayeux ET SA TAPISSERIE

● Restos & bistrots p. 169 ● Boutiques p. 174

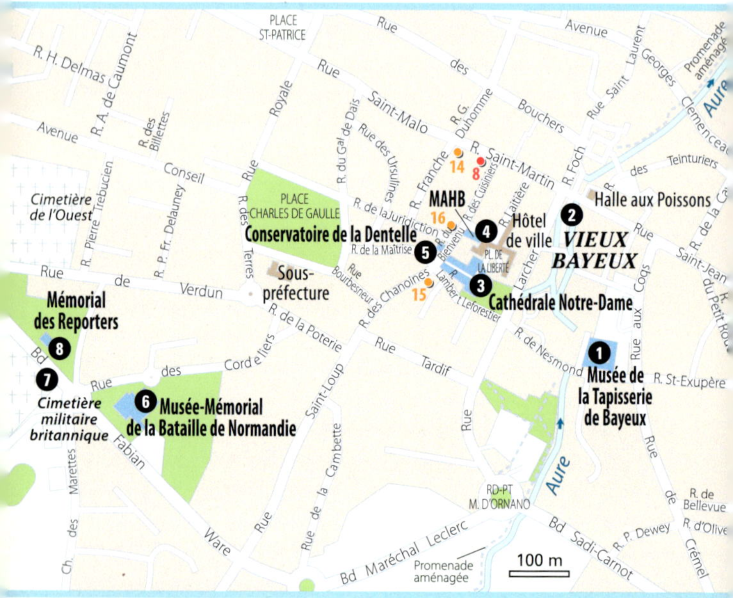

Mondialement connue pour sa précieuse tapisserie, sa dentelle et sa porcelaine, la capitale du Bessin, miraculeusement épargnée par la guerre, est une jolie petite ville toute de vieilles pierres, avec plein de petites rues pavées et de recoins magnifiques. Première ville française libérée le 7 juin 1944, c'est aussi une étape du tourisme de mémoire, à deux pas des plages du D-Day.

❶ MUSÉE DE LA TAPISSERIE DE BAYEUX★★★

Trésor universel inscrit au registre « Mémoire du Monde » de l'Unesco, la *Tell du Conquest*, de son vrai nom, a probablement été commandée par l'évêque Odon pour orner sa nouvelle cathédrale en 1077. Longue de 70 m, l'impressionnante tapisserie de 350 kg est en réalité une broderie de laine sur toile de lin relatant la conquête de l'Angleterre par Guillaume le Conquérant, duc de Normandie. Un audioguide décrypte les épisodes de cette bande dessinée géante, précieux témoignage sur la vie au Moyen Âge avec ses 626 personnages, 202 chevaux, 41 navires et 37 édifices. Une exposition et un film complètent la découverte de ce chef-d'œuvre de l'art roman.

Centre Guillaume-le-Conquérant • 13 bis, rue de Nesmond • ☎ 02 31 51 25 50 • www.bayeuxmuseum.com • Mars-oct. : t.l.j. 9h-18h30 (mai-août : 19h) ; reste de l'année : 9h30-12h30 et 14h-18h ; f. en janv. et certains j.f. • Entrée : 9,50 €.

❷ VIEUX BAYEUX★★

À l'ombre des tours de Notre-Dame, les chaussées pavées et les eaux de l'Aure se faufilent entre les maisons médiévales à pans de bois, les manoirs Renaissance à tour d'escalier et les hôtels particuliers à l'élégance classique. On flâne avec bonheur dans ce décor d'autrefois et sur le quai de l'Aure aménagé en agréable promenade pédestre. C'est sur la place Charles-de-Gaulle que le Général prononça, le 14 juin 1944, son premier discours dans la France libre.

❸ CATHÉDRALE NOTRE-DAME★★★

Consacrée en 1077 par l'évêque Odon en présence de son demi-frère, Guillaume le Conquérant, la cathédrale romane, agrandie et remaniée tout au long du Moyen Âge, s'est muée en chef-d'œuvre du gothique normand. C'est pour décorer sa nef qu'Odon fit broder la célèbre tapisserie de Bayeux. Avec ses hautes flèches, la dentelle flamboyante de sa tour centrale, culminant à 80 m, son magnifique

Le Vieux Bayeux

Crypte de Notre-Dame

chevet du XIIIe s., sa crypte romane peinte et son immense nef inondée de lumière, c'est l'une des plus belles cathédrales de France.

Rue du Bienvenu • T.l.j. 9h-17h (avr.-août : 18h) • Vis. guidée en juil.-août (5 €) avec accès aux salles du trésor et capitulaire • Projection sur les façades : de mi-juil. à fin août les mar., jeu. et sam.

❹ MUSÉE D'ART ET D'HISTOIRE BARON-GÉRARD (MAHB)***

Entre voûtes médiévales, chapelle Renaissance (un bijou décoré de fresques !), boiseries du XVIIIe s. et verrières contemporaines de l'ancien palais épiscopal, le MAHB propose un réjouissant travelling de l'art européen de la Préhistoire à aujourd'hui, avec en arrière-plan l'histoire de la cité bayeusaine. Les collections, riches et variées, donnent à voir des chefs-d'œuvre de la peinture signés Philippe de Champaigne, Boucher, Boudin ou Caillebotte (voir son éblouissant *Portraits à la campagne*), ainsi que de magnifiques dentelles et porcelaines de Bayeux. Bornes tactiles avec quiz pour les enfants.

37, rue du Bienvenu • ☎ 02 31 92 14 21 • www.bayeuxmuseum.com • Mai-sept. : t.l.j. 9h30-18h30 ; reste de l'année : 10h-12h30 et 14h-18h ; f. en janv. et certains j.f. • Entrée : 7,50 €.

❺ CONSERVATOIRE DE LA DENTELLE DE BAYEUX*

Apparue dans la seconde moitié du XVIIe s., la fameuse dentelle de Bayeux a fait la renommée de la ville avant de disparaître dans les années 1950. Cette école-atelier s'efforce de sauvegarder et de transmettre le savoir-faire des dentellières bayeusaines et présente un bel échantillon de pièces anciennes.

6, rue du Bienvenu • http://dentelledebayeux.free.fr • Lun.-sam. 9h30-12h30 et 14h30-18h (17h lun. et jeu.) • Entrée libre.

❻ MUSÉE MÉMORIAL DE LA BATAILLE DE NORMANDIE**

Immersion au cœur de la bataille de Normandie, le Musée Mémorial raconte sur 2 300 m² plus de deux mois de progression des troupes alliées, des prémices du Débarquement au 29 août 1944. Films d'archives, cartes, plans, maquettes, photos, témoignages, uniformes, objets de soldats, armes et engins militaires jalonnent un parcours chronologique, enrichi d'espaces thématiques : la Résistance et de Gaulle, la vie des civils...

Bd Fabian-Ware • ☎ 02 31 51 46 90 • www.bayeuxmuseum.com • Mai-sept. : t.l.j. 9h30-18h30 ; reste de l'année : 10h-12h30 et 14h-18h ; f. en janv. et certains j.f. • Entrée : 7,50 €.

7 CIMETIÈRE MILITAIRE BRITANNIQUE*

Après la visite du Musée-Mémorial, le pèlerinage dans le plus grand cimetière militaire britannique de France, où reposent 4 648 soldats tombés lors de la Seconde Guerre mondiale, dont 4 000 Britanniques, n'en est que plus émouvant.

Bd Fabian-Ware • Accès libre.

8 MÉMORIAL DES REPORTERS*

Réalisé par la ville en collaboration avec Reporters sans frontières, ce mémorial en faveur de la liberté de la presse, unique en Europe, rend hommage aux journalistes tués dans le monde depuis 1944 dans l'exercice de leur fonction. Plus de 2 000 noms gravés sur des stèles blanches, dont celui de Robert Capa et des victimes de l'attentat de *Charlie Hebdo*, se dévoilent au fil d'une promenade paysagère.

Bd Fabian-Ware • Accès libre.

Pause vintage : chez Paulette

Papier-peint sixties, tables en formica, pendules et objets des années 1950 à 1970 plantent le décor de ce joli salon de thé vintage dans lequel officient des copines. Au menu : soupes, tartes, salades, bagels... et petits plaisirs du goûter. En prime, une boutique d'objets rétro.

● 16 • 44, rue des Cuisiniers • ☎ 09 80 32 03 94 • Juil.-août : lun. 12h-18h, mar.-sam. 12h-21h30 ; reste de l'année : f. lun. • Menus : 10,50, 12,50 et 15,50 €.

Randonnée
À OMAHA BEACH

Plus qu'une randonnée nature dans l'un des plus jolis coins du Calvados, ce superbe parcours en forme de pèlerinage historique invite à emboîter le pas aux soldats américains qui débarquèrent, ici, le 6 juin 1944. Le sentier traverse les espaces naturels du conservatoire du littoral, chemine à travers bois, champs, vergers et pâturages et longe l'une des plus belles plages du Calvados.

ENTRE TERRE ET MER

La balade en forme de 8 permet de faire une seule boucle (4 km) ou les deux. La deuxième contourne le cimetière militaire américain que l'on peut visiter avant ou après la balade.

ENTRE BOIS ET BOCAGE

Du parking, empruntez la **véloroute** qui longe le village de vacances. Arrivé sur le plateau, virez à gauche (en épingle) et suivez le sentier sur les hauteurs de la colline dans un bel environnement boisé : la masse opaque de la

Cimetière américain

Manche, les bunkers et les tranchées font partie du paysage.

Prenez la petite route à droite et tournez à gauche vers le **hameau de Cabourg**. Bifurquez à droite après le centre UNCMT. Au bout du chemin, poursuivez à droite dans le **chemin des Moulins** pour retrouver la véloroute. Ici débute la deuxième boucle du parcours.

Omaha Beach

VERS LE CIMETIÈRE AMÉRICAIN

Laissez la véloroute sur votre droite et traversez la route pour grimper dans le petit bois en direction du **cimetière américain**.

Suivez la route à gauche et passez le parking (à main droite). Au rond-point, prenez à droite puis tout de suite à gauche. Longez le grillage en poursuivant sur la droite. Le chemin se fraie un passage dans la superbe forêt qui entoure le cimetière américain : une végétation luxuriante, des lianes, de l'eau... on se croirait presque dans le bayou !

Après la descente en sous-bois, remontez un petit vallon jusqu'au bord du plateau et tournez à droite. Prenez à gauche sur la petite route puis tout de suite à droite à la stèle. La mer réapparaît au bout du sentier où un petit passage dans la haie, sur la droite, permet de rejoindre le **bunker du Ruquet**. Cap sur la plage pour rejoindre le sentier du littoral.

LE SENTIER DU LITTORAL

Autre végétation, autre ambiance, on chemine ici entre dunes et ganivelles en songeant aux sanglants combats qui se sont déroulés ici. Longez le **cordon dunaire d'Omaha Beach** sur 750 m puis remontez le chemin à droite vers le cimetière américain. Possibilité d'aller le visiter ou de virer à gauche vers les **blockhaus** d'où vous rejoindrez le parking de départ.

Informations pratiques

Départ et arrivée : plage de Colleville-sur-Mer. Se garer sur le parking au niveau de la base nautique et du village de vacances Belambra « Omaha Beach ».

Durée : 3 h.

Distance : 9 km.

Balisage : jaune.

Dénivelé : 63 m.

Difficulté : facile. Attention au risque de glissade dans la partie forestière.

Où piquer une tête ?

Connues dans le monde entier pour leur passé tragique, les plages du Débarquement sont aujourd'hui synonymes de promenades en famille, de sports nautiques et de jeux d'enfants. Piquetée de petites stations populaires, la Côte de Nacre déroule de longues étendues de sable aux familles. Les plages de la côte du Bessin, plus accidentée, affichent un visage plus sauvage entre dunes et hautes falaises.

LA PLAGE DE OUISTREHAM-RIVA-BELLA

Offrant des paysages saisissants lors des grandes marées, la plage de Riva-Bella est considérée comme l'une des plus belles de la Côte de Nacre. Avec ses trois kilomètres de sable fin, sa pente douce pour se baigner en toute sécurité, ses activités nautiques pour petits et grands, elle est appréciée des familles comme des sportifs. **p. 145**

LES PLAGES D'HERMANVILLE-SUR-MER ET LION-SUR-MER

Serties d'un joli ruban de villas normandes tournées vers la mer, les plages d'Hermanville et de Lion-sur-Mer ne manquent pas de charme. Fréquentée par les amateurs de pêche à pied, la plage du Bas-Lion offre une vue séduisante sur la falaise des Confessionnaux. **p. 146**

LA PLAGE DE LUC-SUR-MER

Les cabines de plage alignées sur la digue font tout le charme de la jolie plage de Luc où l'on pratique la pêche à pied, le ramassage des fossiles et de nombreuses activités nautiques : kitesurf, planche à voile... Elle est située entre Hermanville-sur-Mer et Arromanches. **p. 146**

LA PLAGE DE SAINT-AUBIN-SUR-MER

Protégée des excès du bétonnage, la grande et belle plage de Saint-Aubin est bordée d'une promenade piétonne, de villas normandes et de cabines de plage qui ajoutent encore à son cachet. En été, un club de plage pour les enfants s'installe près du poste de secours. Elle est située un peu à l'ouest de Luc-sur-Mer.

LA PLAGE DE COURSEULLES-SUR-MER

Dans le secteur de Juno Beach, la belle plage de Courseulles, autrefois bordée de jolies villas, a souffert d'une vague de constructions peu séduisantes. Des sentiers à travers les dunes permettent de rejoindre la plage plus sauvage du côté du port de plaisance où se trouve un centre nautique. **p. 146**

Omaha Beach, Colleville-sur-Mer

LA PLAGE D'ARROMANCHES

La célèbre plage où les Alliés ont installé un port artificiel en juin 1944 forme une belle étendue de sable fin en pleine ville, avec en arrière-plan les falaises de Tracy et les impressionnants vestiges du port artificiel qui se dévoilent à marée basse. Les plages voisines de Montgoméry et Neptune sont moins fréquentées mais totalement recouvertes à marée haute. **p. 147**

LA PLAGE DE LONGUES-SUR-MER

Coup de cœur assuré pour les amateurs de plage sauvage, la plage des Falaises, préservée de toute construction, déroule un superbe paysage de falaises verdoyantes, de gros galets et de beaux bancs de sable qui se dévoilent à marée basse. On y vient avant tout pour la balade ou la pêche à pied car la baignade n'est pas surveillée. **p. 148**

Gare aux baïnes !

La baïne est une mare résiduelle qui, lorsque la marée la recouvre, se vide de façon violente et crée un fort courant vers le large. Attention donc, les plages de la côte du Bessin peuvent être dangereuses pour les baigneurs en raison des baïnes qui se créent à marée montante. Privilégiez les plages surveillées en été comme Saint-Laurent ou Colleville.

OMAHA BEACH

Dans un environnement préservé de dunes et de falaises, les plages en demi-lune d'Omaha Beach, surveillées en été, s'étirent sur plus de 6 km sur les communes de Colleville, Saint-Laurent et Vierville. Spot décoiffant de char à voile, cette plage immense à marée basse est très réduite, voire inexistante, à marée haute. **p. 149**

Activités de plein air

Pédaler à fleur d'eau sur la Vélo Francette, parier pour le meilleur trotteur, frissonner dans les montagnes russes, contempler le ballet des oiseaux marins ou survoler les plages du Débarquement, il y en a pour tous les goûts !

REJOINDRE LA MER À VÉLO

Quinze petits kilomètres séparent Caen de la Manche en suivant le canal de l'Orne jusqu'à Ouistreham. Pour les marcheurs comme les cyclistes, la voie verte qui le longe, portion de l'itinéraire la Vélo Francette reliant Ouistreham à La Rochelle, offre une jolie balade à fleur d'eau, accessible aux familles. Aménagée sur un ancien chemin de halage, elle passe à côté du Pegasus Bridge, site mythique du D-Day. À Bénouville, le parcours se partage en deux : rive gauche pour rejoindre Ouistreham, rive droite en direction de Merville-Franceville.

Départ : port de plaisance de Caen • Plus d'informations et liste des loueurs de vélos le long de l'itinéraire sur www.lavelofrancette.com

Vibrer sur un champ de courses

Depuis près de deux siècles, Caen bénéficie d'un champ de courses permanent sur le site de la Prairie. Un vrai théâtre équestre où s'affrontent les trotteurs internationaux, avec une trentaine de courses de mars à novembre. Le spectacle vaut largement le déplacement, avec ou sans paris…

Hippodrome de Caen • Bd Yves-Guillou • ☎ 02 31 27 50 80 • www.hippodrome-caen.com • Entrée : 3 € ; moins de 18 ans : gratuit • Restaurant panoramique.

S'AMUSER EN FAMILLE À FESTYLAND

Vos enfants trépigneront sans doute d'impatience dès que vous évoquerez la visite à Festyland, le plus grand parc d'attractions de Normandie. Aux portes de Caen, il est accessible en bus depuis le centre-ville. On navigue ici dans l'histoire mouvementée de la Normandie entre dinosaures, vikings, pirates et époque 1900. Circuits de tacots, toboggans, jeux à bulles, montagnes russes, parcours en bouée à 60 m du sol… une trentaine d'attractions attendent petits et grands.

Route de Caumont, Bretteville-sur-Odon • ☎ 02 31 75 04 04 • www.festyland.com • W.-e. et vac. scol. avr.-sept. : 11h-18h ; juil.-août : t.l.j. 10h30-19h • Entrée : 20,50 € ; moins de 12 ans : 17,50 € • Boutiques et restaurants.

Char à voile sur la plage de Ouistreham

OBSERVER LES OISEAUX DANS L'ESTUAIRE DE L'ORNE

Accessible depuis le phare de Ouistreham, la Pointe du Siège, cordon dunaire de 1,5 km, révèle une autre facette du littoral normand, là où l'Orne se jette dans la Manche. Un sentier piétonnier traverse cet espace naturel sensible et facilite la contemplation des oiseaux migrateurs, des phoques (quand ils veulent bien se montrer !) et des délicates fleurs dunaires. Une jolie plage, assez fréquentée en été, borde cette langue de terre. La tour d'observation réserve un beau panorama sur l'estuaire et la baie de Salenelles. N'oubliez pas les jumelles !

Visites guidées à pied et en kayak, rens. à l'office du tourisme de Ouistreham.

ROULER LE LONG DE LA MANCHE EN CHAR À VOILE

Sur sa plage, Ouistreham propose tous les sports de mer et de vent : kayak de mer, kitesurf, voile, stand-up paddle, sorties nature... et char à voile. Ça décoiffe, mais c'est grisant ! Profitez des initiations proposées par l'école de char à voile du Club Océan.

À Ouistreham-Riva-Bella : Club Océan, esplanade Lofi • ☎ 02 31 97 00 25 • www.ocean-normandie.com • Tarif adulte : 40 € la séance.

LES PLAGES DU DÉBARQUEMENT EN PARAPENTE

Lancez-vous dans les airs et volez au gré des ascendances sur les sites historiques des plages du Débarquement et les falaises du Bessin. Cette école de parapente propose des baptêmes, des vols en tandem, des journées découverte et des stages. Sensations garanties !

Elementair Normandie • 40, quai du Baron-Gérard, Port-en-Bessin • ☎ 06 87 29 15 02 • www.parapente-normandie.com • Baptême à partir de 90 €.

Les coups de cœur
DE NOTRE AUTEUR

PANCAKE NIGHT FEVER

Cette pancakerie végétarienne qui ne se prend pas au sérieux est *the place to brunch* à Caen ! Mon péché mignon ? Le pancake aux noix et caramel, fondant à souhait et tout simplement divin. **p. 165**

LA FABRIQUE

L'une des plus charmantes terrasses face à la mer de la Côte de Nacre où l'on se pose volontiers à l'heure de l'apéro pour un cocktail les yeux dans l'eau. En prime, des concerts en été. **p. 168**

L'Antirouille

CHEZ PAULETTE

Parce que ce joli salon de thé déborde de gaieté et d'objets vintage rigolos que l'on peut acheter côté boutique. Une bulle joyeusement nostalgique... **p. 157**

L'ANTIROUILLE

Pas cher, convivial, LAntirouille c'est le point de chute obligé de la rue Caponière pour boire un verre, papoter et faire des rencontres. **p. 170**

DÉFENSE DE STATIONNER

Un vrai cabinet de curiosités pour chiner des pièces qui ont une âme, une esthétique particulière, bref ce petit truc en plus qui me fait craquer ! Les objets de cette brocante n'ont pas été choisis par hasard. **p. 172**

LA REINE MATHILDE

Cette pâtisserie réputée de Bayeux me régale d'un joli coup d'œil avec son ravissant décor ancien et d'exquises spécialités sucrées et chocolatées, parfaites pour des cadeaux gourmands. **p. 174**

Restos & bistrots
RÉGION DE CAEN

Caen (Visite 9 - p. 136)

PANCAKE NIGHT FEVER
Végétarien ①

Au mur, Julio Iglesias et les stars des séries américaines font un clin d'œil aux années 1970. Nappes à carreaux et chaises bistrot complètent le décor de bric et de broc de ce petit restaurant. Au menu, du végétarien qui a du goût et qui ne se prend pas au sérieux : saucisses tofu pour le hot-dog, steak végétal pour le burger, pancakes salés et sucrés...

23, rue Gémare • ☎ 02 31 80 70 82 • Mer. et ven. 19h-23h, jeu. 12h-14h30 et 19h-23h, sam. 12h-23h, dim. 10h30-17h (brunch) • Menu pancakes : 14,90 € ; pancakes salés : autour de 9,90 €.

Les Dunes

MOOKY'S
Bar à vins ②

À la fois épicerie, restaurant et bar à vins, Mooky's adopte le style bistrot dans sa déco très réussie (briquettes aux murs, meubles chinés) et dans ses plats maison (souris d'agneau, joue de cochon). Plus recherché, le gratin de ravioles à la truffe est excellent. Bon choix de vins et coin épicerie derrière le comptoir : charcuteries, fromages et bonnes bouteilles.

24, rue de la Fontaine • ☎ 04 95 73 50 49 • Avr.-oct. : t.l.j. midi et soir ; f. sam. en avr.-mai et oct. • Menu : de 21 à 25 € ; plat : à partir de 15 €.

LES DUNES
Salon de thé/ crêperie ③

À lui tout seul, le superbe jardin vaut largement le déplacement. Mais si vous souhaitez en profiter,

il est prudent de réserver. Cosy avec ses petites banquettes, l'intérieur dégage un charme tout scandinave. Un crumble de légumes et une tarte sont proposés chaque jour à l'ardoise en plus des galettes et salades de la carte. Thés Mariage Frères et carte de desserts (un bon cheesecake au caramel !) pour le salon de thé.
30, rue Arcisse-de-Caumont • ☎ 02 31 79 60 43 • Lun.-sam. 12h-15h, salon de thé : mer.-sam. jusqu'à 17h30 • Formule : 13,50 € ; plat : 9,90 €.

LES PETITES BOUCHES
Traditionnel ④

Ambiance chaleureuse dans ce restaurant à étages qui empile plusieurs petites salles aux tons marron, gris et taupe. Franck Farcy, le chef, mitonne une cuisine traditionnelle joliment revisitée, comme cette chartreuse à l'andouille, camembert, pommes et champignons.
46, rue Guillaume-le-Conquérant • ☎ 09 83 30 45 30 • www.lespetitesbouches.fr • Mar.-ven. 12h-minuit, sam. 19h-minuit, dim. 12h-14h30 • Formules déj. en sem. : 14 et 18 € ; menu : 25 et 33 €.

Le Clou de Girofle

LE CLOU DE GIROFLE
Traditionnel ⑤

Dans une vieille maison à pans de bois, ce joli restaurant aux grosses poutres et vieilles photos joliment encadrées ne manque pas de charme avec ses assiettes anciennes sur le buffet et son bar en zinc. Au menu, œuf cocotte aux poireaux et chorizo, brandade de morue, marmite de poissons normande et de copieux desserts : tartes et gâteaux faits maison, panna cotta…
12, rue du Vaugueux • ☎ 02 31 93 20 30 • www.lecloudegirofle.fr • T.l.j. 12h-14h et 19h-22h (f. mar.-mer. sept.-mai) • Menu : 16 € (midi en sem.) et 20 € (soir).

LA CAVE À HUÎTRES
Fruits de mer ⑥

Vue imprenable sur les bateaux depuis la petite terrasse qui fait face au port pour déguster une douzaine d'huîtres normandes, en provenance directe de la

Côte de Nacre, ou un plateau de fruits de mer. Pour le même prix (formule dégustation à 10,90 €), on peut également préférer 9 huîtres chaudes, du saumon fumé ou même du foie gras ! Également à emporter.

24 bis, quai Vendeuvre • ☎ 02 31 75 58 65 • www.la-cave-a-huitres.fr • Lun.-sam. 11h-14h30 et 18h30-22h30 • Formule déj. en sem. : 10,90 € ; assiette 12 huîtres : à partir de 11,50 €.

La Cave à huîtres

VOIR AUSSI

Dolly's | p. 138 | ⑦

Les plages du Débarquement (Visite 10 - p. 144)

LE MANOIR'HASTINGS
Gastronomique ⑧

Dans un ancien prieuré pourvu d'un joli jardin, d'une terrasse et d'un intérieur design, la cuisine fine et inventive de Gilles Poudras s'inspire des produits régionaux : joue de cochon confite au cidre, moules normandes et wok de légumes, risotto d'andouille de Vire à la crème de camembert, mousse teurgoule pomme gingembre... Dans leur menu (18 €), les enfants ont même droit au foie gras ! Il est conseillé de réserver. Le week-end, quatre chambres spacieuses sont disponibles.

À Bénouville. 18, av. de la Côte-de-Nacre • ☎ 02 31 44 62 43 • www.manoirdhastings.fr • Mer.-dim. 12h-14h et 19h30-21h15 • Formule midi en sem. : 20 € ; Menu : de 26 à 44 €.

LA TABLE D'HÔTES
Terre et mer ⑨

Cette excellente table grimpe gentiment les échelons de la notoriété. En cuisine, Yohann Lavalley change son menu tous les mois, inspiré par les produits du terroir et de la mer et par la cuisine traditionnelle de la région. Ses compositions sont joliment mises en valeur, à l'image de cet effeuillé de daurade présenté dans une coupe, aussi beau que bon. En salle, le style marin prévaut, sympa avec ses larges lattes de parquet et ses tons gris clair.

À Ouistreham. 10, av. du Général-Leclerc • ☎ 02 31 97 18 44 • www.latabledhotes-caen.com • Lun. et jeu.-sam. 12h-13h30 et 19h30-21h, mar. et dim. 12h-13h30 ; f. mer. • Menu : 20 (midi en sem.), 32 et 48 €.

La Pêcherie

AU CRÊPIOU
Crêperie (10)

Installée dans une rue piétonne, cette petite crêperie chaleureuse d'une vingtaine de couverts, dotée d'une terrasse, régale les locaux comme les touristes avec de généreuses galettes garnies de produits frais et de délicieuses crêpes sucrées. Simple et bon !

À Ouistreham. 13, av. de la Mer • ☎ 02 31 80 43 67 • T.l.j. 12h-14h et 19h-20h30 • Formules : 11 € (midi) et 16 €.

LA FABRIQUE
Cuisine française (11)

Dîner face à la mer est le grand plaisir de ce bar-restaurant branché au look industriel dont la superbe terrasse domine la plage de Lion. Huîtres et poissons pêchés à proximité n'en prennent que plus de saveurs. En été, ambiance cool, tapas, cocktails et concerts.

À Lion-sur-Mer. 2, bd du Calvados • ☎ 02 31 36 86 64 • www. lafabrique-lionsurmer.com • Mai-sept. : t.l.j. 9h-1h ; hors saison : mer.-dim. 9h-15h et 18h-23h • Menu : 26 et 32,50 € ; à la carte en été.

LA PÊCHERIE
Poissons (12)

La Pêcherie distille ses saveurs iodées sous une jolie verrière à l'ancienne : plateau de fruits de mer, langoustines grillées sur galets, coquilles Saint-Jacques en saison, bar à la croûte de sel, homard grillé, choucroute de la mer... On finit le repas sur une note de douceur avec des nems de banane à la confiture de lait glacé ou une tarte fine aux pommes et sa crème glacée à la fleur de sel.

À Courseulles-sur-Mer. 7, pl. du 6-Juin • ☎ 02 31 37 45 84 • www.la-pecherie.fr • T.l.j. 12h-14h et 19h-21h • Menu : 19,50 €.

VOIR AUSSI

Simard | p. 145 | ⑬

Bayeux (visite 11 - p. 154)

CAFÉ INN
Sur le pouce ⑭

Pour une pause sucrée ou salée à toute heure de la journée, le Café Inn est à la fois un café, un salon de thé, un restaurant et une épicerie. Dans une ambiance de machine à moudre et d'arômes de café, on y sert plus de 100 sortes de thés, une douzaine de cafés, des chocolats, des petits déjeuners français et anglais, ainsi que des salades, patates chaudes, pâtes, omelettes, tartes salées, sandwichs, croque-monsieur et pâtisseries maison.

67, rue Saint-Martin • ☎ 02 31 21 11 37 • www.cafeinn-bayeux.com • Lun.-sam. 9h-19h • Formule déj. : 11,90 €.

L'ASSIETTE NORMANDE
Cuisine normande ⑮

Une bonne cuisine de terroir traditionnelle et sans chichis vous attend dans cette auberge rustique nichée au pied de la cathédrale : huîtres de Normandie, faux-filet sauce camembert, escalope de volaille à la normande, menu autour du cochon de Bayeux...

3, rue des Chanoines • ☎ 02 31 22 04 61 • www.lassiettenormande.com • T.l.j. 12h-14h et 19h-21h30 ; f. dim. et lun.en déc.-mars • Formule déj. (sf dim.) 10,50 € ; menu : 17,90, 25,90 et 34,90 €.

VOIR AUSSI

Chez Paulette | p. 157 | ⑯

L'Assiette normande

Bars, clubs & sorties
RÉGION DE CAEN

Caen (Visite 9 - p. 136)

L'ANTIROUILLE
Bar ①

Le bar couvert de cassettes multicolores et le baby-foot de la salle de jeux donnent le ton de ce chaleureux bistrot de quartier. Ici, on sert le café et les sirops à 1 € et toutes les sortes d'anisette à 2 € ! La bière pression change toutes les trois semaines.

29, rue Caponière • ☎ 09 84 18 65 42 • Mar.-sam. 16h-1h, dim. 16h-23h.

LES DÉSERTEURS
Bar à bières ②

Plus de 100 références venues du monde entier sont au compteur de ce spécialiste de la bière artisanale, à déguster debout au comptoir ou sur des tabourets hauts pour profiter de l'ambiance très réussie, ou encore en fond de salle, sur une banquette confortable.

59, rue de Geôle • ☎ 02 31 45 03 25 ou 06 34 09 91 16 • Lun.-sam. 17h-1h • Bière : de 3 à 10 €.

Les Déserteurs

LE FRENCH CAFÉ
Bar-karaoké ③

Ce bar-karaoké ne passe que du 100 % français, sauf le mercredi, réservé aux nostalgiques du rock jusqu'à minuit. Les mardi et jeudi, des jeux apéro amusent la galerie de 19h à 21h.
Côté cocktails, le mojito est la spécialité maison, à boire seul au verre ou à plusieurs avec une paille dans un « aquarium » qui contient 2 l (25 €)...

32 bis, quai Vendeuvre • ☎ 02 31 50 10 02 • Mar.-sam. 19h-3h • Cocktail : 9 €.

CENTRE CHORÉGRAPHIQUE
Danse ④

Le Centre chorégraphique national de Caen en Normandie
Un nouvel élan insufflé par le danseur et chorégraphe Alban Richard fait bouger cette belle maison de danse contemporaine.

Centre chorégraphique

Halles-aux-Granges, 11-13, rue du Carel • ☎ 02 31 85 83 95 (billetterie) • www. ccncn.eu

ORCHESTRE DE CAEN
Concerts ⑤

Du baroque aux musiques d'aujourd'hui en passant par le jazz, cette formation de 48 musiciens propose une cinquantaine de concerts de septembre à juin. L'auditorium accueille des mini-concerts dédiés au jeune public (3 € l'entrée).

Auditorium Jean-Pierre-Dautel, 1, rue du Carel • ☎ 02 31 30 46 86 • www.orchestredecaen.fr • Billetterie lun.-ven. 10h-18h, sam. 10h-12h30.

THÉÂTRE DE CAEN
Spectacles ⑥

Le théâtre bénéficie d'une scène à l'italienne ouverte à tous les arts vivants : théâtre, danse, nouveau cirque, opéra et concerts, du baroque au contemporain.

135, bd du Maréchal-Leclerc • ☎ 02 31 30 48 00 (billetterie mar.-sam. 13h-18h30) • www.theatre.caen.fr

LE CARGÖ
Concerts ⑦

La scène de la presqu'île concocte chaque année une programmation éclectique de musiques : pop, rock, électro, hip-hop, chanson française... et le décapant festival de musiques électroniques Nördik Impakt.

9, cours Caffarelli • ☎ 02 31 86 79 31 • www.lecargo.fr • Billetterie mar.-ven. 13h30-19h, sam. 14h-17h.

Les plages du Débarquement (Visite 10 - p. 144)

CASINO BARRIÈRE
Casino, bar, discothèque ⑧

Le casino de Ouistreham abrite, dans son architecture typique des années 1950, 150 machines à sous, un salon traditionnel de jeux de table (roulette anglaise et black-jack), deux restaurants, un bar, une salle de spectacle et une discothèque.

À Ouistreham. 51, pl. Alfred-Thomas • ☎ 02 31 36 30 00 • www.lucienbarriere.com • T.l.j. 9h30-2h (3h ven., 4h sam.) ; salon des jeux de table ouv. à partir de 20h.

Boutiques
RÉGION DE CAEN

Caen (Visite 9 - p. 136)

DÉFENSE DE STATIONNER
Brocante ①

C'est un lieu vintage et décalé, un ancien garage transformé en boutique d'antiquités-brocante. Pêle-mêle, une boîte à papillon, un petit miroir des années 1930, un plat du XVIIe s., une table basse, un présentoir griffé Hermès créent l'ambiance d'un cabinet de curiosités. Une mine d'objets insolites !

3, rue Quincampoix • ☎ 06 67 12 71 73 • Sam. 14h-19h.

PÂTISSERIE C & CHOUX
Pâtisseries ②

Les choux à la crème imaginés par Anthony Le Rhun suivent le cours des saisons (2 € le chou, 10 € les 6), il faut donc revenir souvent pour tester leurs multiples saveurs ! Caramel, vanille et fève tonka, citron meringué, côtoient choux salés pour l'apéritif, petite pâtisserie (saint-honoré, paris-brest) et tendres guimauves. Petit coin salon de thé et ateliers pâtisserie.

Par Faim de Normandie

Pâtisserie C & Choux

2, rue Léon-Lecornu • ☎ 09 81 85 09 02 • www.c-choux.fr • Lun. 14h-19h30, mar.-sam. 9h30-19h30, dim. 9h30-13h30.

PAR FAIM DE NORMANDIE
Produits locaux ③

Dans la rue la plus commerçante de Caen, voici un beau concentré de spécialités normandes à boire, à manger et même à porter : cidres et calvados, andouilles de Vire et tripes, biscuits et caramels, teurgoule fermière et confiture de lait, mugs griffés Normandie... jusqu'aux madeleines Jeannette !
12, rue Saint-Pierre • ☎ 02 31 71 09 59 • www.epicerie-normande.fr • Lun.-sam. 10h-19h30.

BOUCHERIE-CHARCUTERIE SABOT
Produits du terroir ④

Sabot est une institution caennaise depuis quarante ans. Ici, les tripes à la mode de Caen sont championnes du monde. Facilement transportables dans leur bocal de verre, elles peuvent se conserver trois ans ! Même conditionnement pour la tête de veau, une autre spécialité maison.
25, bd des Alliés • ☎ 02 31 93 62 49 • www.boucheriesabot.fr • Mar.-sam. 7h-19h30 • 8,50 € les bocaux stérilisés de 400 g.

FROMAGERIE CONQUÉRANT
Fromages ⑤

Une sélection d'une soixantaine de fromages au lait cru d'ici et d'ailleurs, en majorité fermiers. Bonne idée, le petit bar à fromages ouvert à la dégustation, pour savourer la planche du moment (12 €), petite sélection du comptoir accompagnée d'un verre de vin. Au rayon épicerie fine, jus de pomme fermier, confit de pomme au beurre salé, miels, sablés, pains de figues...
27, rue Guillaume-le-Conquérant • ☎ 02 50 65 47 33 • www.fromagerie-conquerant.com • Lun. 15h30-19h30, mar.-mer. et sam. 9h30-19h30, jeu.-ven. 9h30-22h30, dim. 9h30-13h.

Les plages du Débarquement (Visite 10 - p. 144)

LE COMPTOIR DES NORMANDIES
Produits locaux ⑥

L'épicerie fine met à l'honneur les produits gastronomiques artisanaux, mais aussi une ribambelle d'objets de la marque Heula, qui se moque gentiment des clichés sur la Normandie, des tee-shirts, livres et jeux... Et plusieurs modèles de bolées de cidre et plats à teurgoule, incontournables en Normandie !

À Ouistreham. 94, av. de la Mer • ☎ 02 31 80 30 26 • www.le-comptoir-des-normandies.fr • Mar.-dim. 10h-12h30 et 14h-19h ; f. 3 dernières sem. de jan.

J'irai revoir ma Normandie

J'IRAI REVOIR MA NORMANDIE
Produits locaux ⑦

Une dizaine de boutiques réparties aux quatre coins de la Normandie commercialise produits et objets locaux : alcools et apéritifs, conserves, terrines et biscuits... Sans oublier quelques spécialités d'autres régions.

À Ouistreham. 74, rue de la Mer • ☎ 02 31 39 68 33 • T.l.j. 10h-19h ; hors vac. scol. 10h-13h et 15h-19h.

Bayeux Visite 11 - p. 154)

LA REINE MATHILDE
Pâtisserie-confiserie ⑧

Véritable institution bayeusaine, cette pâtisserie-salon de thé charme avec son beau décor 1900. Dans les vitrines, d'alléchantes pâtisseries : pavé bayeusain, pomme d'or et pomme normande figurent parmi les spécialités et on peut y faire emplette de chocolats, confitures, calvados et caramels au beurre salé.

47, rue Saint-Martin • ☎ 02 31 92 00 59 • Mar.-sam. 9h-19h30, dim. 9h-13h (19h en été).

Hôtels
RÉGION DE CAEN

Caen (Visite 9 - p. 136)

HÔTEL LA FONTAINE

Contraste de couleurs et lampes vintage dans les 12 chambres, ce petit hôtel niché dans les ruelles piétonnes du centre de Caen est bien dans l'air du temps !

26, rue de la Fontaine • ☎ 02 31 85 31 70 • www.hotelfontaine-caen.com • Ch. double de 69 à 89 € ; petit déj. 9,80 €.

VILLA HÉLIANTHE

Retour aux années 1930 dans cette demeure exceptionnelle, qui a gardé intact son jus Arts déco. La maison d'hôtes comprend une belle chambre familiale et une petite chambre avec canapé couchage.

198, rue Caponière • ☎ 02 50 28 47 08 ou 06 10 23 42 12 • www.chambres-d-hotes-caen.com • Ch. double : 95 € .

Les plages du Débarquement (Visite 10 - p. 144)

LA MOUETTE

Typique de l'architecture balnéaire, la villa 1900 d'Anne et Pierre abrite trois chambres confortables et une salle d'eau. Le petit jardin boisé et fleuri est parfait pour bouquiner un livre pioché dans la bibliothèque !

À Ouistreham. 64, bd de France • ☎ 02 50 28 47 08 ou 06 10 23 42 12 • Ch. : de 70 à 90 €.

LE VIVIER

Trois chambres d'hôtes raffinées et romantiques dans une belle demeure du XIXe s., le jardin est parfait, clos de murs et couvert de roses en saison.

À Lion-sur-Mer. 27, rue Bertin • ☎ 02 31 23 98 66 ou 06 50 14 39 06 • www.demeurelevivier.com • Ch. double : 110 €, suite familiale : de 165 à 180 €.

Bayeux (Visite 11 - p. 154)

HÔTEL PARTICULIER POPPA

L'esprit contemporain s'est emparé de ce bel hôtel particulier du XVIIIe s. doté d'une cour pavée, d'un jardin et de quatre superbes chambres d'hôtes design avec vue sur la cathédrale, la place ou le jardin.

32, pl. Charles-de-Gaulle • ☎ 02 31 22 41 90 ou 06 87 14 74 21 • www.hotel-poppa.com • Ch. double : de 100 à 160 €.

La région DU MONT-SAINT-MICHEL

La baie du Mont-Saint-Michel est d'abord une merveille de la nature, ni tout à fait terre, ni tout à fait mer. L'érection sur le mont Tombe d'un sanctuaire dédié à l'archange saint Michel, puis d'une abbaye donna à ce paysage horizontal et sauvage un magnifique point de mire. Prodige architectural et haut lieu de la chrétienté, le Mont-Saint-Michel est inscrit au Patrimoine mondial de l'humanité. Mais il faut aussi prendre le temps de parcourir les grèves qui se découvrent à marée basse, les herbus... Plus au nord, en longeant la côte, souvent sauvage, on atteint les stations balnéaires au parfum rétro, de Saint-Jean-le-Thomas à Jullouville jusqu'à la cité corsaire de Granville. Il ne vous reste plus qu'à embarquer pour l'archipel Chausey, terminus « paradis-sur-mer ! »

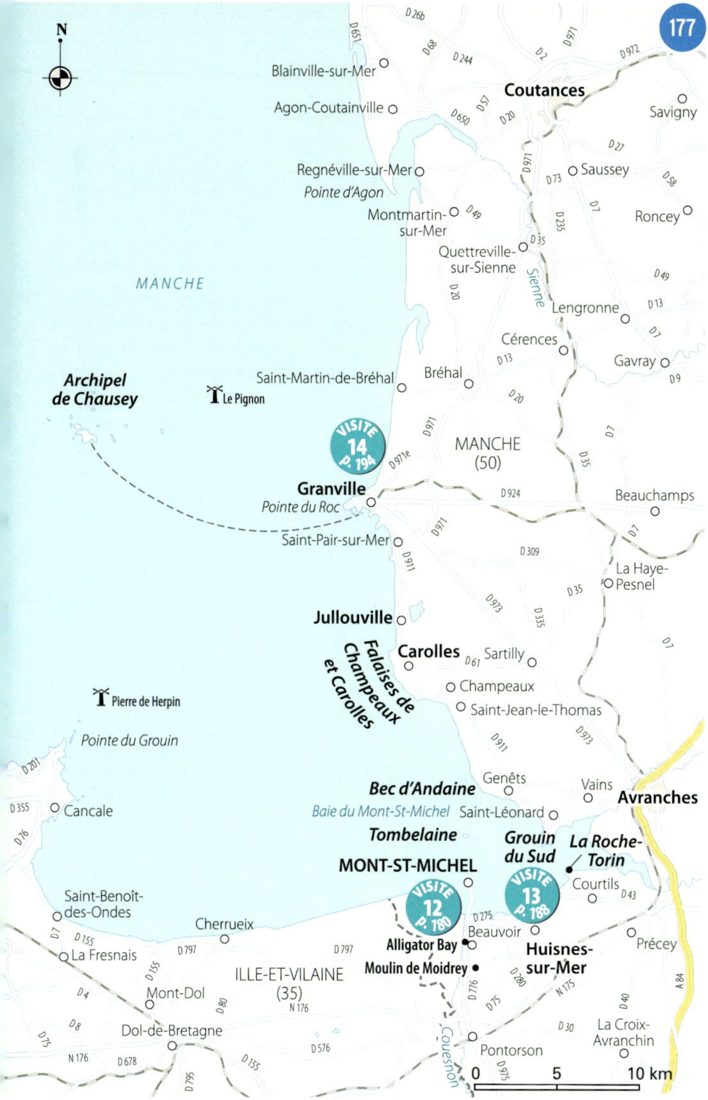
N
Blainville-sur-Mer
Agon-Coutainville
Coutances
Savigny
Regnéville-sur-Mer
Pointe d'Agon
Saussey
Montmartin-sur-Mer
Roncey
Quettreville-sur-Sienne
Sienne
MANCHE
Lengronne
Cérences
Gavray
Archipel de Chausey
Le Pignon
Saint-Martin-de-Bréhal
Bréhal
VISITE 14 p. 194
MANCHE (50)
Granville
Pointe du Roc
Beauchamps
Saint-Pair-sur-Mer
La Haye-Pesnel
Jullouville
Carolles
Sartilly
Falaises de Champeaux et Carolles
Champeaux
Saint-Jean-le-Thomas
Pierre de Herpin
Pointe du Grouin
Genêts
Vains
Bec d'Andaine
Avranches
Cancale
Baie du Mont-St-Michel
Saint-Léonard
Tombelaine
Grouin du Sud
La Roche-Torin
MONT-ST-MICHEL
VISITE 13 p. 188
Courtils
Saint-Benoît-des-Ondes
VISITE 12 p. 180
Cherrueix
Beauvoir
Alligator Bay
Précey
La Fresnais
Huisnes-sur-Mer
Moulin de Moidrey
ILLE-ET-VILAINE (35)
Mont-Dol
Dol-de-Bretagne
Couesnon
La Croix-Avranchin
Pontorson
0 5 10 km

Infos pratiques
RÉGION DU MONT-SAINT-MICHEL

COMMENT VENIR DANS LA RÉGION

En voiture : Presque insulaire, le Mont-Saint-Michel se situe à 18 km de l'entrée de l'**autoroute A84** à Saint-James, qui relie Rennes à Caen (Rennes-Le Mont-Saint-Michel : 80 km). La **N176** le relie à Saint-Malo (55 km). **Depuis Paris,** il faut emprunter l'**A13** et l'**A86** (356 km). Depuis Avranches, la **D911** suit toute la baie et la **D971** traverse le Cotentin.

En train : La gare SNCF la plus proche se trouve à Pontorson, à 8 km du parking du Mont-Saint-Michel. Une navette directe dépose les passagers au terminus Mont-Saint-Michel. **www.oui.sncf**

En car : Des liaisons quotidiennes (sauf le mercredi) depuis Paris sont assurées par **Ouibus :** départ au pont de Neuilly, trajet direct de 4 h 40, tarif flexible à partir de 19 € l'aller. **Flixbus** propose une rotation par jour au départ de La Défense, trajet direct de 4 h 50, tarif flexible. **Liaisons directes possibles vers Saint-Malo et Caen. www.ouibus.com, www.flixbus.fr**

En avion : L'aéroport le plus proche est celui de Rennes, à 75 km. **Aéroport de Rennes Bretagne : av. Joseph-le-Brix, Saint-Jacques-de-la-Lande • ☎ 02 99 29 60 00 • rennes.aeroport.fr**

PRINCIPAUX OFFICES DE TOURISME

Office du tourisme du Mont-Saint-Michel : bd Avancée • ☎ 02 33 60 14 30 • www.ot-montsaintmichel.com

Centre d'Information Touristique : Compagnie des Parcs et Passeurs, Le Bas-Pays à Beauvoir (place des Navettes, juste à la sortie des parkings) • ☎ 02 14 13 20 15 • www.bienvenueaumontsaintmichel.com

Office du tourisme de Pontorson : Place de l'Hôtel de Ville • ☎ 02 33 60 20 65 • www.mont-saint-michel-baie.com

Office du tourisme de Coutances : 6, rue Milon • ☎ 02 33 19 08 10 • www.tourisme-coutances.fr

Office du tourisme de Granville : 4, cours Jonville • ☎ 02 33 91 30 03 • www.tourisme-granville-terre-mer.com

ACCÈS AU MONT-SAINT-MICHEL

L'accès au Mont-Saint-Michel est désormais **interdit à la circulation automobile.** Les parkings payants (12 € les 24 h, 6,50 € moins de 2 h, 4,40 € de 19h à 23h) sont regroupés à environ 3 km. Depuis la place des Navettes, des cars gratuits, **Les Passeurs**, assurent la liaison avec le Mont et déposent à 300 m de la porte des Fanils. **T.l.j. 7h-24h.**

Autre option, le **service de voitures hippomobiles La Maringote**, tractées par deux chevaux (6 € l'aller). Pour connaître les horaires, contactez le **Centre d'Information Touristique : ☎ 02 14 13 20 15.**

Pour ceux qui séjournent dans un hébergement de la zone commerciale située entre le parc de stationnement et la place du Barrage, il faudra passer les barrières filtrantes avec le code fourni par l'établissement à la réservation.

ACCÈS À CHAUSEY

Par bateau : Service de navettes, plusieurs allers-retours par jour d'avril à septembre ; allers-retours certains jours de la semaine et le week-end d'octobre à mars. **A/R adulte : 27,50 €, Tarifs réduits • Horaires et réservations sur www.vedettesjoliefrance.com.**

CIRCULER DANS LA RÉGION

Si l'on veut explorer la baie, le plus simple est d'avoir son propre véhicule. La ligne ferroviaire Pontorson-Avranches-Coutances permet de visiter les villes de l'intérieur.

Les **autocars Manéo** relient une fois par jour le Mont Saint-Michel à Granville, en s'arrêtant à Avranches, Vains, Genêts, Carolles, Jullouville, Saint-Pair pour seulement 2,30 € le trajet ! Horaires sur le site **www.transports.manche.fr**

QUELQUES DISTANCES PAR LA ROUTE

Le Mont-Rouen : 256 km • **Le Mont-Le Havre :** 223 km • **Le Mont-Caen :** 130 km • **Le Mont-Granville :** 53 km • **Granville-Coutances :** 29 km.

12 Le Mont-Saint-Michel

● Restos & bistrots p. 209

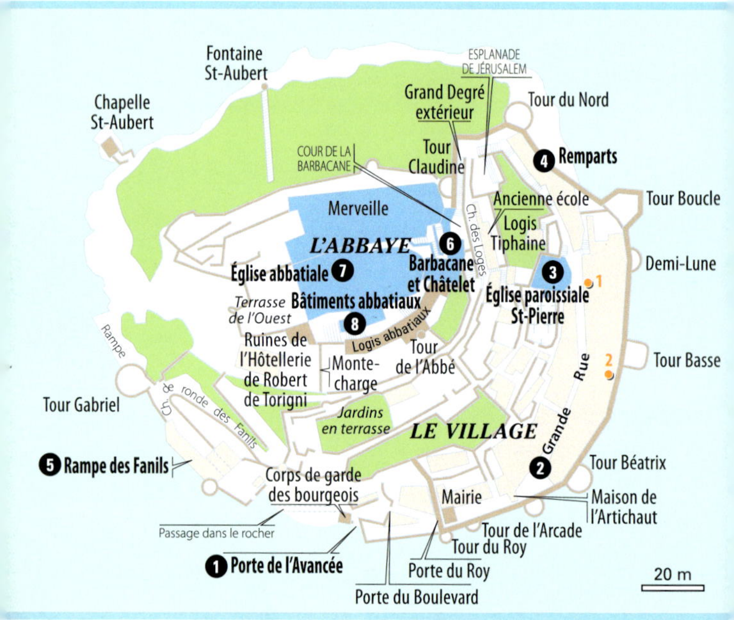

Site parmi les plus visités de France, le Mont-Saint-Michel s'est offert récemment une cure de jouvence. Sans rien toucher à ce joyau de pierres millénaire, son écrin naturel, la baie où courent les plus importantes marées d'Europe, a été revalorisé. Émergeant de son splendide isolement, le Mont redevient une île une vingtaine de jours par an pendant les vives eaux. De sa muraille à sa Merveille, le pèlerinage à la « Jérusalem céleste sur terre », classée au patrimoine mondial de l'Unesco dès 1979, ne peut qu'éblouir !

LE VILLAGE★★★

❶ PORTE DE L'AVANCÉE★★

C'est par le sud que se fait aujourd'hui comme hier l'entrée dans la forteresse. La porte de l'Avancée date du XVIe s., tout comme le corps de garde des Bourgeois (actuel office de tourisme). Elle s'ouvre sur une placette pavée où vous verrez deux bombardes récupérées aux Anglais. La cour est barrée par la **porte du Boulevard**, qui débouche à nouveau sur un espace fermé par la porte du Roi, protégée par un pont-levis, un chemin de ronde, des mâchicoulis et des meurtrières.

❷ GRANDE-RUE★★

Unique véritable artère à laquelle se raccrochent quelques étroites venelles, la Grande-Rue ne fait que 269 m... Ses 140 marches du **Grand Degré** représentent l'ultime section pour les pèlerins avant l'arrivée au sanctuaire. Elle traverse une double haie d'hôtels-restaurants et de boutiques de souvenirs. Si quelques constructions en granit sont apparues au cours des deux derniers siècles, les façades à pans de bois ont défié les siècles. Le **Logis Tiphaine** (1365), où vécut Tiphaine de Raguenel, première épouse du duc du Guesclin, fait partie avec le Vieux Logis des plus anciennes maisons.

Fondation millénaire

Cramponné sur les pentes sud et est de la butte, le village remonte au tout premier sanctuaire établi au haut Moyen Âge. La fondation de l'abbaye au Xe s. et la popularité croissante de son pèlerinage lui apportent la prospérité... faute de paix ! En 1204, le village est incendié par un allié du roi de France. Au XIIIe s., les premières fortifications seront ordonnées par Saint Louis et complétées au XIVe s. alors que la guerre de Cent Ans fait rage. Le Mont résiste ! Au XVIe s., il est cette fois visé par les protestants mais la forteresse catholique reste inviolable. Finalement, c'est la Révolution française qui délogera les bénédictins. L'abbaye deviendra prison (en fonction de 1790 à 1863) et le rocher sera rebaptisé mont Liberté !

❸ ÉGLISE PAROISSIALE★

Mentionnée en 1022, l'église paroissiale Saint-Pierre est reconstruite entre la fin du XVe s. et le début du XVIe s. À l'intérieur, une étonnante statue polychrome représente l'éducation de la Vierge (XVe s.), tandis que dans l'abside se dresse un impressionnant saint Michel (1877). Passez ensuite

Les remparts et le village

dans le petit cimetière où se trouve la tombe de la plus célèbre Montoise, la mère Poulard.

❹ LES REMPARTS***

Encerclé de murailles, le rocher est devenu une citadelle fortifiée dès le XIIIe s. S'il ne reste plus beaucoup de traces de cette première ceinture, celle érigée pendant la guerre de Cent Ans dresse encore sa formidable masse au-dessus des grèves. Elle est ponctuée de tours semi-circulaires sur son flanc sud-est. Les 340 m du chemin de ronde, bordé de parapets, sont devenus une promenade surplombant d'un côté la baie et de l'autre les façades et toits du village, qui offre à toute heure du jour un spectacle saisissant. Très en saillie, la **Tour Boucle** embrasse d'un seul coup d'œil la mer avançant à la vitesse du galop à la marée montante.

❺ LA RAMPE DES FANILS**

Tournée vers l'ouest, la porte des Fanils aménagée au XVIe s. protégeait les greniers à foin de l'abbaye. En 1828, ces derniers ont été remplacés par l'édifice qui sert aujourd'hui de gendarmerie. La rampe monte à l'assaut de l'escarpement. Elle passe au pied de la **tour Gabriel** érigée vers 1524 qui servait aussi de moulin à vent et de phare. Un lacet plus loin, après l'**échauguette de la Pilette**, vous vous trouvez en bas d'un haut mur, vestige d'une hôtellerie effondrée en 1818. Profitez des **jardins suspendus** établis sur le site de maisons arasées dans les années 1930. Exposées plein sud, elles offrent un refuge verdoyant où s'épanouissent rosiers et figuiers !

L'ABBAYE***

Monument unique en son genre, l'abbaye a adapté sa configuration au terrain enroulant l'escarpement d'une dentelle de pierres de plus en plus haute. Loin de choisir la solution la plus évidente, chaque génération de constructeurs a cherché à magnifier les lieux. Œuvre de foi, de longue haleine, de ténacité (pas moins de 12 incendies le ravagèrent), cette aiguille sacrée, inspirée par un rêve à Aubert, évêque d'Avranches en 708, s'élève avec toujours autant de grâce.

☎ 02 33 89 80 00 • www.abbaye-mont-saint-michel.fr • Janv.-avr. et sept.-déc. : t.l.j. 9h30-18h ; mai-août : t.l.j. 9h-19h ; f. 1er janv., 1er mai et 25 déc. • Entrée : 10 € ; audioguide : 3 € ; vis. guidée à horaires fixes • Interdit aux mineurs non accompagnés.

Le Grand Degré

❻ BARBACANE** ET CHÂTELET*

Entre le village et l'abbaye, à 55 m au-dessus de l'eau, la porte de la Barbacane garde, avec le châtelet (XIVe s.) flanqué de deux tours rondes, l'entrée du sanctuaire. L'étroit passage mène à un escalier sombre, surnommé le Gouffre. Aucun ennemi n'a jamais réussi à franchir ce verrou défensif ingénieux.

Le Grand Degré***

Cet escalier monumental commence au niveau de l'église paroissiale et conduit, 350 marches plus haut, à l'esplanade devant l'église abbatiale. Une fois la **salle des Gardes** franchie, vous avancez dans une saignée verticale avec à droite les hauts murs aveugles de l'église et à gauche les **logis abbatiaux** (XIVe et XVIe s.). Des **ponts suspendus** relient les deux.

La terrasse de l'ouest***

Le parvis offre une vue superbe sur la baie, les polders au-delà du Couesnon et la flèche néogothique surmontée de l'archange doré. Il est plus vaste que le parvis originel, puisqu'à la suite d'un incendie, il s'est étendu sur trois travées détruites de l'église. La façade classique a été refaite en 1780.

❼ L'ÉGLISE ABBATIALE***

L'église abbatiale (1023-1084) succède à deux sanctuaires précédents : l'oratoire Saint-Aubert (708) et l'église Notre-Dame-sous-Terre, sur le flanc nord (966). Sa position au faîte du mont représente une sacrée gageure pour les constructeurs de l'époque qui durent façonner une plate-forme de 80 m de long ; les cryptes compensent le dénivelé naturel du terrain. Le granit, extrait des îles Chausey, fut taillé puis apporté par bateau à chaque marée haute. L'église présente les caractéristiques du style roman normand : une charpente lambrissée ; les trois niveaux de la nef, arcades, tribunes et fenêtres hautes ; les baies jumelées. Seul le chœur, reconstruit, affiche un style gothique flamboyant.

La flèche et l'archange***

Après des années de travaux de restauration et son classement aux monuments historiques en 1874, l'abbaye est surélevée d'une flèche néogothique de 32 m en 1897. Et pour couronner le tout, une statue de l'archange Michel terrassant le dragon est commandée. Tout en bronze, dorée à la feuille d'or et équipée d'un paratonnerre, elle brille à 157 m au-dessus des flots.

❽ LES BÂTIMENTS ABBATIAUX***

Le cloître***

Édifié au XIIIe s., le cloître se situe au plus haut niveau de la **Merveille** (encadré ci-contre). Il est l'unique cloître au monde en rooftop ! Cette promenade des moines est aussi un lieu de passage pratique et couvert menant de l'église au réfectoire et au dortoir (aujourd'hui détruit).

Le réfectoire**

Jadis réservée strictement aux religieux (la règle de saint Benoît imposait la clôture), la longue pièce est éclairée par 59 baies effilées sur chaque mur. Adossés contre les murs, les moines se sustentaient en écoutant des versets de la Bible lus par un des leurs. Un monte-charge relie le réfectoire à la **salle des Hôtes**, juste au-dessous, où les nobles et rois étaient admis, et à la **salle des pèlerins**, un étage encore plus bas.

Le niveau intermédiaire**

Laissant la fastueuse salle des Hôtes aux voûtes à nervures jaillissant des colonnades centrales, quittez la Merveille pour rentrer dans les soubassements ! La **crypte des gros piliers** témoigne du système architectural ingénieux de la Merveille : plus on s'élève, plus on allège la structure. Voisine, la **crypte Saint-Martin** (XIe s.) sera convertie en réserve d'eau pendant l'intermède carcéral du monastère. Après l'ossuaire où a été installée une grande roue pour approvisionner la prison, et la chapelle mortuaire Saint-Étienne, vous atteindrez le promenoir, remarquable pour ses voûtes à croisée d'ogives qui préfigurent le gothique. Vous rejoindrez ensuite la **salle des Chevaliers** (XIIIe s.), sous le cloître, qui était dédiée à l'étude. La visite intérieure se termine, un étage plus bas, à l'aumônerie devenue librairie. Il ne vous reste plus qu'à profiter des jardins à l'abri des puissants murs à contreforts de la Merveille.

La Merveille

La Merveille est le nom donné à un ensemble de deux bâtiments s'appuyant sur les pentes nord de la butte et regroupant, à l'est, l'aumônerie, la salle des Hôtes et le réfectoire, et à l'ouest, le cellier, la salle des Chevaliers et le cloître.

Le réfectoire

Une île à nouveau

Entrepris contre l'ensablement de la baie, des travaux colossaux ont permis de rendre au site son caractère maritime, même si cela reste exceptionnel (il faut la conjonction d'un coefficient de marée supérieur à 110 et une hauteur en pleine mer d'au moins 12,85 m) !

LE ROCHER DANS LA BAIE

S'élevant à 92 m au-dessus de l'immense baie, le rocher granitique du Mont-Saint-Michel forme une montagne pyramidale encore rehaussée par l'abbaye et son archange pointant à 157 m. Le positionnement de la baie en deçà de la pointe du Cotentin, son étendue immense (500 km² dont 240 km² d'estran, la zone concernée par les marées), son profil en entonnoir et sa très faible inclinaison créent les conditions d'un marnage (différence du niveau de la mer entre les marées haute et basse) exceptionnel qui peut atteindre 15 m lors des grandes marées d'équinoxe. Après des siècles de poldérisation et d'endiguement, l'ensablement naturel et la progression des prés-salés cernaient le Mont-Saint-Michel. D'importants travaux permirent de redonner au site son caractère maritime.

Le Mont et la passerelle

LE BARRAGE

Première étape de cette reconquête paysagère, le barrage sur le Couesnon mis en service en 2009 compte huit vannes. Il sert à retenir un maximum d'eau qui sera relâchée six heures après la marée haute pour chasser au large les sédiments et lutter ainsi contre l'envasement. Un pont-promenade, ouvert au public, permet d'assister à la manœuvre. Il offre également une superbe vue sur le Mont.

Les prés-salés

LA PASSERELLE

La chaussée-digue construite en 1878 et l'immense parking situé au pied du Mont-Saint-Michel ont été détruits en 2015. Portion finale de la digue-route qui part à hauteur du barrage du Couesnon, le pont-passerelle de 760 m enjambe la baie et respecte ainsi le caractère insulaire du Mont. Sa silhouette incurvée, tout en bois, participe à la mise en valeur du paysage tout en offrant aux visiteurs le recul nécessaire pour admirer le rocher.

13 La baie du MONT-SAINT-MICHEL

● Restos & bistrots p. 209 ● Bars, clubs & sorties p. 214 ● Boutiques p. 216

Allant de Cancale en Bretagne jusqu'à Granville sur la péninsule du Cotentin, la baie du Mont-Saint-Michel s'étend sur 500 km². Ce profond estuaire, très peu incliné et ouvert sur le large, recueille les eaux de trois fleuves côtiers, la Sée, la Sélune et le Couesnon. Deux fois par jour, l'estran change totalement de visage, découvrant des plages immenses, les herbus pâturés que l'on contemple des différents belvédères.

❶ TOMBELAINE**

À 3 km au nord du Mont-Saint-Michel, Tombelaine est un îlot rocheux de même superficie que son illustre grande sœur, mais près de deux fois moins haut. Tombe mythique d'une Hélène enlevée par un géant, recouvert par la non moins légendaire forêt de Scissy, Tombelaine eut un véritable destin historique. Pendant la guerre de Cent Ans, les Anglais y installèrent un camp d'attaque, construisirent un fort et un donjon... en vain. Les huguenots ne furent pas plus chanceux. Propriété du surintendant Nicolas Fouquet, l'île n'échappa pas à la vengeance de Louis XIV, jaloux de la richesse de son ministre. Ses constructions militaires sont aujourd'hui détruites. Depuis 1985, Tombelaine est une **réserve ornithologique** : aigrette garzette, héron garde-bœufs, faucon pèlerin, tadorne de Belon et autres canards et passereaux peuvent être observés à la jumelle depuis la grève. Hors période de nidification, l'accès au rocher est autorisé.

Promenade en baie à marée basse avec différents guides titulaires de l'attestation de compétence « Guide de la baie » • Boucle de 3 h 30 au départ du Mont-Saint-Michel • Rens. : office du tourisme du Mont (p. 178).

❷ MOULIN DE MOIDREY**

Ce moulin de 1806 a été entièrement restauré et ses ailes en bois, orientées au vent, fonctionnent toujours ! Michel Letranchant est son meunier

La baie avec le Mont et Tombelaine

Alligator Bay

et vend en direct ses farines de blé, de sarrasin ou encore de seigle. Il anime aussi des visites captivantes et tout public. Depuis la butte où est perché le moulin, la vue sur le mont et les polders est fantastique.

À Moidrey. 35, route des Moulins (sur la D976 entre Pontorson et le Mont-Saint-Michel) • ☎ 06 46 36 18 82 • Juil.-août : t.l.j. 9h-20h ; fév.-mi-mars : t.l.j. 9h30-12h et 14h-18h ; avr.-juin et sept.-mi-nov. : t.l.j. 9h-12h30 et 14h-19h15 ; vac. de Noël : t.l.j. 10h-12h et 14h-18h • Entrée : 4 €.

❸ ALLIGATOR BAY**

Parc zoologique version aquatique, Alligator Bay propose une escapade exotique instructive et distrayante, 100 % dépaysante. Des tortues géantes d'Aldabra aux crocodiles du Nil, des boas aux caméléons panthères, chaque enclos paysagé vous fait découvrir quelques trésors de la faune.

À Beauvoir. 62, route du Mont-Saint-Michel • ☎ 02 33 68 11 18 • www.alligator-bay.com • Avr.-sept. : t.l.j. 10h-19h ; oct.-nov. et fév.-mars : t.l.j. 14h-18h ; déc.-janv. : w.-e. 14h-18h et vac. scol. 10h-18h • Entrée : 14 € ; 13-18 ans : 11,50 € ; 3-12 ans : 9,50 €.

❹ MONT DE HUISNES-SUR-MER*

Installé sur une éminence, le cimetière de Huisnes-sur-Mer est l'unique mausolée de soldats de la Wehrmacht de la Seconde Guerre mondiale sur le sol français. Il a été inauguré en 1963 en signe de réconciliation franco-allemande. Dans cette large rotonde ouverte sur une pelouse, haute d'un étage et composée de 68 cryptes, reposent 11 956 militaires tombés surtout lors de la percée d'Avranches en juin 1944, ainsi que quelques victimes civiles.

3, rue du Mont-de-Huisnes • ☎ 02 33 60 13 13 • Accès libre.

❺ LA ROCHE-TORIN*

Ce petit cap près de Courtils offre un très beau panorama sur la baie et le mont. C'est aussi le point de départ d'une randonnée vers le Mont-Saint-Michel par l'ancienne digue. Le sentier du littoral passe par les herbus et rejoint l'abbaye au bout de 10,5 km.

Depuis le parking du Mont-Saint-Michel, 8 km par la D275.

❻ AVRANCHES**

Cette petite cité fortifiée occupe un promontoire dominant la baie du Mont-Saint-Michel. Son histoire est intimement liée à celle de l'abbaye, puisque c'est Aubert, son évêque, qui fonda en 709 le premier oratoire. Située sur une ligne de front pendant les guerres anglo-normandes (XIe s.), puis la guerre de Cent Ans, la ville fut au fil des siècles détruite et reconstruite. Sous le feu des bombardements alliés, elle ouvrit la voie aux libérateurs le 25 juillet 1944. C'est la fameuse percée d'Avranches.

Le cœur historique**

Le centre dégage une impression d'harmonie générale et compte quelques édifices ayant miraculeusement survécu. Certes, la **cathédrale** gothique mal consolidée s'est effondrée en 1794 et les remparts déclassés ont été utilisés comme carrières de pierres, mais la **tour** baptisée « donjon » (XIIIe s.), le **palais épiscopal** (XVIe s.), quelques maisons à encorbellement médiévales et élégantes résidences patriciennes s'élèvent toujours dans le lacis de placettes et de ruelles pavées. Contrairement à d'autres villes, les reconstructions d'après-guerre s'intègrent à l'architecture traditionnelle.

Le Scriptorial***

En pleine Révolution française, 3 000 volumes provenant du monastère du Mont-Saint-Michel, dont **200 manuscrits** du Moyen Âge sur parchemin, furent transportés à Avranches

Pause avec vue : le café de L'Atelier Saint-Michel

À quelques encablures du Mont-Saint-Michel, ce snack et salon de thé aux couleurs du bois propose des collations salées et sucrées à toute heure de la journée. Annexe de la boutique de la célèbre biscuiterie, il cultive l'art de la gourmandise tout en offrant un moment de pure contemplation. À l'écart de la foule des touristes, on savoure cet instant !

● 4 • À Beauvoir. Le comté • ☎ 02 33 89 28 90 • T.l.j. 9h-17h45 • Quiche, salade : 5,50 € ; *bruschetta* : 6,50 € ; madeleine : 0,60 €.

Le Scriptorial, musée des Manuscrits

Sauvés !

Le 6 juin 1944, les chartes de l'abbaye bénédictine s'envolaient en fumée avec l'ensemble des archives départementales de Saint-Lô. Conservés à Avranches, le *Cartulaire du Mont-Saint-Michel* et les deux textes fondateurs, le *Revelatio* (récit des visions de l'évêque Aubert en 798) et l'*Introductio monachorum* (le remplacement des chanoines par les moines bénédictins ordonné en 966 par le duc Richard Ier) sont heureusement parvenus jusqu'à nous !

en charrette à travers la grève, sous la surveillance de la Garde nationale. Ces véritables œuvres d'art des moines copistes normands sont désormais présentées par roulement dans les vitrines du Scriptorial, tandis que le cheminement muséographique retrace le destin d'Avranches et l'épopée du livre, des papyrus égyptiens au livre numérique. Grandes frises chronologiques, maquettes, outils et supports multimédia donnent plusieurs grilles de lecture aux visiteurs en quête d'érudition.

Place d'Estouteville • ☎ 02 33 79 57 00 • www.scriptorial.fr • Avr.-sept. : mar.-dim. 10h-13h et 14h-18h (juil.-août : 19h) ; oct.-mars : mar.-sam. 14h-18h • Entrée : 8 €.

Le Trésor*

Ce petit musée paroissial présente une série hétéroclite d'objets cultuels ; sa pièce maîtresse est le **reliquaire du crâne de l'évêque Aubert**. Celui-ci, découvert au XIe s., porterait le stigmate du doigt de l'archange Michel, qui, à la troisième apparition en rêve, se serait emporté contre l'ecclésiastique, lent à comprendre ses injonctions d'élever une chapelle en son honneur sur le mont Tombe ! Il s'agit en fait d'un crâne trépané.

Basilique Saint-Gervais, place Saint-Gervais • Accès libre.

7 ÉCOMUSÉE DE LA BAIE*

En bordure du rivage, l'écomusée de la Baie est installé dans une ancienne longère du XVIe s. protégée de la mer par un vestige d'une ancienne exploitation de sel. Ce centre d'interprétation présente sur 400 m² une exposition permanente « Les hommes, la nature et les paysages de la Baie » racontant à la fois le milieu naturel, ses espaces au fil des saisons ou encore les vols migratoires des oiseaux, mais aussi les activités humaines qui s'y développèrent comme la pêche à pied ou la cueillette des roseaux. La visite se poursuit dans l'atelier du saunier.

À Vains/Saint-Léonard. Route du Grouin-du-Sud • ☎ 02 33 89 06 06 • Juil.-sept. : t.l.j. 10h-18h ; avr.-juin et vac. scol. (sauf Noël) : t.l.j. 14h-18h ; f. 1er mai • Entrée : 5 €, 7-18 ans : 2,50 € • Animations régulières, expositions temporaires thématiques.

8 LE GROUIN DU SUD**

Autre point de vue sur le Mont, le Grouin du Sud permet d'observer le « flot » (marée montante) qui avance à 3,9 km/h et le « jusant » (marée descendante), un peu plus lent. Lors des grandes marées d'équinoxe, le spectacle attire une foule de curieux sur cette pointe marquant la frontière entre les estuaires de la Sée et de la Sélune et les immenses grèves de la grande baie. Des phoques-veaux marins (on en compte une quarantaine) viennent aussi parfois dans les parages se positionner dans ce goulet d'étranglement naturel pour capturer les poissons !

À 1,5 km à vol d'oiseau du site de La Roche-Torin. À 32 km du parking du Mont-Saint-Michel.

9 BEC D'ANDAINE**

Bordée de dunes, cette pointe sablonneuse est le point de départ des traversées de la baie. Elle reprend ainsi une tradition pluriséculaire : les pèlerins aboutissaient sur ce bout de rivage et entreprenaient ensuite la fin du périple à marée basse.

À Genêts (sur la D35E1) • De nombreux guides agréés accompagnent ces traversées, en formule aller/retour sur une journée entière (soit 14 km), ou aller simple avec retour en bus • Pour franchir les rivières à gué, mieux vaut prévoir un short.

14 Le pays de Granville ET CHAUSEY

● Restos & bistrots p. 210 ● Bars, clubs & sorties p. 214 ● Boutiques p. 217

Fermant la baie du Mont-Saint-Michel côté nord, le pays de Granville s'est tourné dès la fin du XIXᵉ s. vers le tourisme balnéaire. Sa côte est flanquée de falaises abruptes à la beauté sauvage préservée qui alternent avec d'immenses plages se découvrant à marée basse, colonisées par une dentelle de villas éclectiques. Longtemps à l'écart, le merveilleux archipel de Chausey s'ouvre lui aussi à la vogue balnéaire.

❶ LES FALAISES DE CHAMPEAUX ET DE CAROLLES★★★

Ces falaises forment l'extrémité occidentale d'un massif granitique qui s'étend de Vire à la mer. D'une hauteur moyenne de 60 à 80 m, elles dominent superbement la baie du Mont-Saint-Michel. En 1891, alors que le tourisme balnéaire se développe, une nouvelle route du littoral (la D911) relie Granville à Avranches. Cette section particulièrement panoramique a été qualifiée de « plus beau kilomètre de France ». Depuis le belvédère de Champeaux, la vue est étourdissante. Sur les pentes abruptes, la lande couverte d'ajoncs, de genêts, de bruyères et de prunelliers est un refuge pour les oiseaux marins et migrateurs.

À 40 km au nord du parking du Mont-Saint-Michel.

❷ CAROLLES★★

Les falaises s'abaissent vers le nord et se transforment en dunes au niveau de Carolles-Plage et du Pignon Butor. Tout comme à Champeaux et Saint-Jean-le-Thomas - surnommé le « petit Nice de la Manche » -, d'élégantes villas entourées de jardins fleuris où s'épanouissent palmiers et mimosas ont poussé au pied des reliefs.

La cabane Vauban★★

Sous le règne de Louis XIV, la défense du littoral est renforcée par Vauban, qui installe à intervalles réguliers des postes de guet capables de communiquer entre eux par signaux optiques. Désaffectés en 1815, ils serviront ensuite de relais pour le télégraphe et de casemates pour les douaniers. Perchée sur un éperon, la cabane Vauban offre depuis le nord le premier point de vue sur le Mont-Saint-Michel.

Parking de la cabane Vauban.

La vallée du Lude★★

Perçant la carapace granitique du plateau, ce petit cours d'eau se fraie un chemin jusqu'à la mer et au **port du Lude**, secrète plage de galets ourlée de schistes qui fit le bonheur des contrebandiers. La vallée très encaissée, dénudée d'abord, se couvre de forêts vers l'intérieur. Selon la légende, cette échancrure aurait été tranchée d'un coup d'épée de l'archange saint Michel pour se défendre du diable qui se serait replié à l'arrière, sur le rocher du Sard, dit « Chaire du Diable ».

Parking chemin du Costil Morin.

❸ JULLOUVILLE★★

Coquette villégiature, Jullouville doit son essor à un certain M. Jullou, qui investit dans le foncier et lança le projet immobilier Jullouville-les-Pins en 1883, autour de l'Hôtel du Casino. Bordant la longue plage de sable, les lotissements se parent de villas. Pour résister

Villa à Jullouville

aux attaques de la mer, une digue est construite depuis Carolles. Agrandie et embellie, bordée de cabines de plage, elle devient une promenade, un peu comme les Planches à Deauville, où la bonne société peut se montrer.

❹ GRANVILLE***

Fermant la baie du Mont-Saint-Michel au nord, Granville se répartit entre la Haute-Ville ceinturée de remparts et la Basse-Ville répartie de part et d'autre de la Roque de Lihou. L'ancienne forteresse et cité corsaire, qui fit fortune grâce à la pêche à la morue, est devenue au tournant du siècle dernier une destination touristique prisée. Après avoir échappé aux bombardements de 1944, elle déploie aujourd'hui un charme à multiples facettes.

La ville basse**

Longtemps réfugiée sur les hauteurs, Granville déborde finalement des remparts au XVIIe s. et colonise les terres basses marécageuses. Digues, quais et bassins sont construits avant que soient tracées les rues. Sous l'Ancien Régime, c'est autour de la rivière Le Bosq (aujourd'hui remblayée sous le cours Jonville) que sont érigés les premiers immeubles, comme ceux de la rue

Pause à l'anglaise : Picorette

Sur la mignonne rue Saint-Sauveur, la jolie devanture blanche devancée par une double terrasse promet quelques douceurs d'ici et d'outre-Manche. Sa carte des thés s'accompagne de gâteaux et de scones parfaits. À midi, le chef Thomas Adam concocte également un plat du jour (14,80 €) et deux quiches (12,80 €).

● 15 • À Granville. 22-24, rue Saint-Sauveur• ☎ 02 33 59 93 49 • www. picorette.fr • Mar.-sam. 10h-19h.

Paul-Poirier et de la rue Saint-Sauveur. Progressivement, le quartier s'étend, les avenues s'élargissent, les immeubles prennent de la hauteur.

La promenade du Plat-Gousset et le Casino**

Dès la fin du XIXe s., l'attractivité des bains de mer métamorphose la cité normande en villégiature du Tout-Paris. Une ligne ferroviaire, surnommée le « train des plaisirs » est inaugurée en 1870. La promenade du Plat-Gousset (c'est-à-dire gratuite, le gousset étant une petite bourse) est aménagée le long de la plage côté nord, les privilégiés ayant droit à la promenade privée payante du Casino. Inauguré en 1911, ce dernier affiche une silhouette trapue biscornue sous un toit recourbé.

Les ports**

Du fait du marnage considérable (11,6 m), le port de pêche est divisé en deux bassins, l'avant-port d'échouage et le bassin à flot avec écluses. La première jetée remonte à François Ier, alors que Granville se lance dans la pêche morutière sur les bancs de Terre-Neuve. Cette vocation perdurera des siècles : le *Marité*, dernier terre-neuvier français actif jusqu'en 1960, a rejoint Granville, son port d'attache, en 2011. Au XXe s., des bisquines (des voiliers de pêche) draguent aux alentours de Pâques

Granville

Le Carnaval de Granville

Inscrit au Patrimoine immatériel mondial de l'Humanité en 2016, le carnaval de Granville est lié à l'histoire maritime de la ville. Partant aux alentours de Mardi gras, les Terre-Neuviens célèbrent leurs derniers jours à terre dans des festivités débridées. Reprise en 1875, cette tradition est aujourd'hui plus vivante que jamais. Les cavalcades du dimanche et Mardi gras avec force chars et fanfares attirent une foule de badauds avant que le roi carnaval soit incinéré dans le bassin à flot du port.

les grandes huîtres dites « Pied de cheval » de la baie du Mont-Saint-Michel. Aujourd'hui, la pêche reste un des piliers de l'économie granvillaise avec, comme spécialité, le bulot. Premier port coquillier de l'Hexagone, Granville arrive en 5e position sur les 37 criées. Le port de Hérel, dédié à la plaisance, est aménagé en 1975.

La Haute-Ville***

Recroquevillée sur la Roque de Lihou, la Haute-Ville est créée par les Anglais pendant la guerre de Cent Ans (1440-1442). À l'abri des regards de l'ennemi derrière la pointe de Carolles, la citadelle doit servir de bastion pour organiser l'offensive contre le Mont-Saint-Michel. Pour l'isoler, les Anglais creusent dans le rocher une tranchée de 7 m de large et 18 m de profondeur où les eaux de la mer et du Bosq se rejoignent. Ce fossé correspond à la place actuelle du Maréchal-Foch. Une fois la paix revenue, le roi de France Charles VII octroie des exemptions de taxe aux Granvillais et stimule ainsi la croissance de la ville. Derrière son pont-levis (1580-1640), les ruelles pavées sont bordées de modestes maisons de marins et de belles demeures des armateurs ; certaines ont été reconverties en ateliers d'artistes et galeries. Au milieu de l'éperon se dresse l'**église Notre-Dame du Cap Lihou** (1440-1771). Tout au bout, au-delà des anciennes casernes, la **Pointe du Roc**, signalée par un phare puissant et encore dominée par un bunker allemand, offre une vue à 180° sur le port, la Manche et les îles Chausey. Une promenade longe la falaise nord et conduit à la place de l'Isthme et au musée d'art moderne Richard-Anacréon.

Le Roc des Curiosités*

Une otarie au bord de son bassin accueille les visiteurs avant qu'ils ne rentrent dans le sous-marin *Nautilus* et découvrent à travers les hublots la faune sous-marine. Le parcours passe ensuite à travers un dédale hallucinant couvert de mosaïques et décors de coquillages comme le temple d'Angkor en bigorneaux, une collection de papillons et d'insectes et un étrange palais de minéraux.

1, bd Vaufleury • ☎ 02 33 50 19 83 • www.aquarium-du-roc.com • Avr.-sept. : t.l.j. 10h-19h ; oct.-mars : t.l.j. 10h-12h30 et 14h-18h30 • Entrée : 9 € ; 4-14 ans : 6 €.

Musée et jardin Christian Dior**

Située dans les beaux quartiers balnéaires qui surplombent la mer, la **villa Les Rhumbs**, labellisée Musée de France et Maisons des Illustres, est la maison natale du grand couturier. Son jardin d'hiver et son parc à l'anglaise laisseront des traces dans l'imaginaire fécond de Christian Dior. Ouvert en 1997, le musée s'est constitué un fonds de plus en plus important. Ses expositions temporaires font aussi appel à des prêts et donnent à voir sous certains angles le génie du créateur normand.

1, rue d'Estouteville • ☎ 02 33 61 48 21 • www.musee-dior-granville.com • Pendant les expositions, avr.-sept. : t.l.j. 10h-18h30 ; oct.-mars : mar.-dim 10h-12h30 et 14h-17h30 et t.l.j. pdt les vac. scol. • Entrée : 8 € ; accès libre aux jardins.

Musée Christian Dior

❺ L'ARCHIPEL DE CHAUSEY***

Au large de Granville, témoin privilégié des marées, l'archipel de Chausey est à géométrie terrestre variable, avec 52 îlots à marée haute et 365 à marée basse, dont beaucoup d'écueils, éparpillés sur 12,5 km de long. Cette dispersion en fait le plus grand archipel d'Europe !

Site Natura 2000

D'une beauté naturelle irrésistible, les îles sont classées **site Natura 2000 et réserve ornithologique**. Paradis des pêcheurs, elles abritent une faune exceptionnelle : oiseaux marins et hivernants, quelques phoques et de nombreux dauphins. Le climat favorise également une végétation hyperocéanique qui s'exprime pleinement sur les dunes et les falaises.

Les Blainvillais à Chausey

La Grande Île

Séparée des autres îles par le chenal naturel baptisé Sound, la **Grande Île** est la seule habitée en permanence. Occupée par les moines du XIe au XVe s., elle fut exploitée jusqu'au XXe s. par les carriers. Son granit servit à la construction de la Merveille du Mont-Saint-Michel, comme au pavage des rues de Londres et de Paris. Autre activité locale, l'extraction de la soude du varech séché. En faisant le tour de la Grande Île, vous apercevrez plusieurs monuments témoins de ce passé (ne se visitent pas) : la **maison du peintre de la marine Marin-Marie** ; les **tours Baudry et Lambert** qui servaient de repères aux navires granvillais et cancalais qui se disputaient la zone de pêche ; le **fort** ordonné sous le Second Empire où résident désormais des familles de pêcheurs ; le **phare** mis en service en 1848 ; la **chapelle perchée** ; le **village des Blainvillais** ; la **ferme** qui fonctionna jusqu'en 1990 ; le **sémaphore** sur le point culminant ; le **Château Renault** que se fit édifier le grand industriel tombé amoureux des lieux.
Le sentier qui passe de sous-bois ombragés à la lande ménage des points de vue sur la mer hérissée de récifs.

Accès : Navettes avec la compagnie Jolie France • www.vedettesjoliefrance.com • Avr.-sept. : t.l.j. ; oct.-mars : vac. scol., mer. et sam. et jours de grandes marées • A/R : 27,20 €, tour de l'archipel commenté : 10 € • Embarquement à bord d'un voilier traditionnel et navigation dans la baie de Granville et aux îles Chausey : www.lagranvillaise.org, avr.-oct.

Pour une pause à l'orée du parc : les Pipelettes

À l'entrée du Jardin des plantes, dans une ancienne imprimerie, voici un cosy salon décoré de papiers peints fleuris et de tables aux nappes colorées. Sur les grandes ardoises du mur, le menu du jour, bio et fait maison, annonce des tartes salées originales et délicieuses, et des desserts gourmands comme un muffin ou un gâteau au chocolat, le tout servi avec une bolée de cidre si on le souhaite.

16 • À Coutances. 1, rue Quesnel-Canveaux • ☎ 09 82 41 45 89 • Lun.-sam. 11h-18h.

6 COUTANCES**

Perchée sur une colline, Coutances devient au Moyen Âge une cité importante, à la fois siège épiscopal et capitale administrative et judiciaire du Cotentin. Bien que la ville ait été détruite à 60 % en 1944, le cœur historique a gardé ses monuments emblématiques.

Tour-lanterne de la cathédrale de Coutances

L'**église Saint-Pierre,** qui conjugue gothique flamboyant et Renaissance, mérite le détour. À deux pas de là, le **Jardin des plantes** est un harmonieux havre de verdure. Dans un bel hôtel particulier du XVIIe s., le **musée Quesnel-Morinière** présente des collections de statuaires médiévales, de tableaux et sculptures et un ensemble de céramiques du Cotentin.

Cathédrale Notre-Dame

L'impressionnante cathédrale Notre-Dame a été épargnée. Commencée à la fin de l'ère romane (XIe s.), elle adopte ensuite le style gothique. Sa verticalité est accentuée par les flèches qui coiffent les tours tandis que la lumière diffusée par la tour-lanterne inonde l'intérieur. Son chevet percé de baies et soutenu par des contreforts est également remarquable.

1, rue du Puits-Notre-Dame • T.l.j. 9h-12h et 14h-18h.

Le sentier des douaniers

Le GR223®, ou sentier des douaniers, suit les caprices de la presqu'île du Cotentin du Mont-Saint-Michel à Carentan. Les 446 km balisés offrent toutes sortes de paysages, mais la partie la plus mythique est sans aucun doute celle qui embrasse la vue sur la célèbre baie du haut des falaises. Frôlant le vide, grimpant et descendant des à-pics, s'enfonçant sous un tunnel de verdure, longeant des dunes, caracolant le long de ruisseaux, l'itinéraire de Granville au Mont (environ 70 km) peut s'organiser sur plusieurs jours. Le tronçon le plus spectaculaire est celui qui va de Bouillon à Genêts : 20 km de bonheur !

Le Bec d'Andaine,

Informations pratiques

Départ et arrivée : de Bouillon (au bout de la route du Rainfray).

Durée : 5 h 30.

Distance : 19,8 km.

Balisage : blanc et rouge.

Dénivelé : 340 m.

Difficulté : facile.

Conseil : Arrêt déjeuner à l'Auberge de Carolles ou, s'il fait beau, pique-nique à la cabane Vauban .

LA VALLÉE DES PEINTRES

En arrière du littoral, **Bouillon** appartient à la commune de Jullouville. Le chemin contourne l'étang bordé de roselières et de saules, fait une incursion dans la romantique vallée du Crapeux et rejoint la côte au niveau de la plate-forme du Pignon-Butor, qui surplombe **Carolles-Plage**. De là-haut, une table d'orientation vous aidera à décrypter le panorama, qui englobe au nord Granville jusqu'à Cancale au sud-ouest. Les falaises de Carolles masquent en revanche la silhouette pyramidale du Mont-Saint-Michel.

VERS LE PORT DE LUDE

Cabane Vauban

Le GR223® suit la ligne des falaises et redescend dans la **vallée de Lude** taillée par un minuscule ruisseau. Preuve que la ténacité de l'eau eut raison du granit le plus dur ! Un petit crochet vous emmène au **port du Lude**, un abri naturel utilisé jadis par les contrebandiers et les chouans. Remontez de l'autre côté du cours d'eau, dépassez le rocher baptisé **le Rocher du Sard** (ou **Chaire du Diable**), au milieu d'une lande dense où s'épanouissent bruyères, prunelliers, genêts et ajoncs.

La **Cabane Vauban** est votre prochaine étape. Cette guérite de granit suspendue au-dessus du vide est un des plus beaux belvédères du Mont. Il révèle l'immensité de l'estuaire, ses grandes lignes horizontales à perte de vue où se détache, minuscule et grandiose, le cône formé par l'abbaye sur son rocher.

VERS LES DUNES

Après avoir traversé **Saint-Jean-le-Thomas**, une station balnéaire en amphithéâtre sur les collines, regagnez le niveau de la mer et longez les dunes de Dragey. Vous atteindrez enfin **le bec d'Andaine**, modeste cap qui sert de base de départ aux traversées de la baie.

Pas d'imprudence !

Même si les marées sont régulières comme une horloge, certains s'aventurent sur les grèves de façon imprudente. Si vous entreprenez une balade sans guide, gardez toujours en tête les horaires de la marée et les lâchers d'eau du barrage (pleine mer + 6 h) et prévoyez une marge suffisante pour rentrer les pieds au sec... ou presque. Les rivières qui divaguent peuvent avoir un courant fort. Mieux vaut ne pas s'y risquer si vous n'êtes pas sûr de votre résistance. Les sables mouvants (lises) ne sont pas une légende ! La surveillance des promeneurs est assurée par un service de vigie depuis le clocher de l'abbaye du Mont, la tour nord et le Bec d'Andaine. Des avertissements aux retardataires sont clamés et, en cas de danger, un hélicoptère de la sécurité civile est appelé.

Où piquer une tête ?

La baie, aussi immense soit-elle et bien que classée parmi les plus belles baies du monde, est peu propice à la baignade. Son inclinaison trop faible, son estran gigantesque et la puissance des marées n'incitent guère à faire trempette. Il faut donc s'éloigner un peu pour trouver des plages à dimension humaine au parfum encore délicieusement Belle Époque, battant fièrement pavillon bleu.

CAROLLES

À l'abri derrière la falaise, Carolles-Plage est la première d'un long liseré balnéaire qui se poursuit jusqu'à Granville. Bordée par la digue, avec des cabines de plage où on remise transats, épuisettes et ballons gonflables, elle descend tranquillement vers la mer. Sur l'arrière, on trouve une poignée de bars-restaurants où déjeuner. **p. 195**

JULLOUVILLE

Avec sa longue promenade piétonne aménagée, la plage de Jullouville s'étend sur environ 2 km de sable fin de part et d'autre du Casino et de son poste de secours. Elle est bordée par une ligne de cabines de plage numérotées et peintes en blanc, remontant aux débuts des bains de mer. À marée basse, elle offre un vaste terrain de jeux où les vacanciers peuvent s'exercer au char à voile ou s'adonner à la pêche à pied. Et pour prolonger le plaisir d'une journée au soleil, on peut aller boire un cocktail dans un bar de plage ou dîner à la terrasse du restaurant La Promenade (p. 210.

Depuis 1886, une fois par an, la plage de Jullouville se transforme entre deux marées en un éphémère hippodrome. Pour que les six à sept courses de trot puissent s'y succéder sans que la mer ne lèche les sabots des chevaux, les organisateurs doivent tracer rapidement les 400 m de pistes.

Les grandes marées

Dans la baie du Mont-Saint-Michel, les grandes marées sont les plus importantes d'Europe. La mer se retire à 15 km des côtes et pénètre loin sur les herbus, enroulant totalement le Mont-Saint-Michel. Liées à l'attraction des astres exercée sur les masses liquides, les grandes marées surviennent en général 36 à 48 h après la pleine lune.

Cette **compétition équestre** particulière est une étape des quatre étapes du trophée des plages. **p. 195**

SAINT-PAIR-SUR-MER

Surplombée par une digue promenade pittoresque, la grande plage de sable est divisée en deux au niveau de l'embouchure du Thar. Le sud de la station se nomme **Kairon-Plage**. Surveillée en été, la baignade est possible même à marée basse grâce à un bassin aménagé, ce qui en fait une destination très appréciée des familles.

Plage de Jullouville

SAINT-MARTIN-LE-BRÉHAL

La longue plage s'étire sur 3 km, bordant Coudeville-sur-Mer et Bricqueville-sur-Mer, reliées par une route qui traverse plusieurs petits hameaux. Pour les amateurs de sport nautique, un club de voile propose des sorties et des stages. Marché estival les dimanches matin au bord de l'eau.

PLAGE DU PLAT-GOUSSET

À Granville en pleine ville, au pied du casino et des hôtels, voici une plage très prisée des familles et des jeunes qui aiment à s'y retrouver. Elle donne tout son sens à l'expression « Monaco du Nord » utilisée à l'endroit de Granville. Entre rochers qui affleurent et sable, la grève se jonche aux beaux jours de serviettes et de parasols. Des bassins permettent aux plus petits de se baigner en toute sécurité. Par beau temps, les îles Chausey se profilent dans le lointain. **p. 196**

PLAGES INSULAIRES DES ÎLES CHAUSEY

La Grande Île de Chausey compte six plages de sable blanc et fin, de véritables paradis sauvages mais rarement vides ! Trois d'entre elles sont ouvertes aux touristes. La plus proche du débarcadère, **Port-Marie**, est une petite anse blottie dans la lande et léchée par un lagon translucide. Plus à l'ouest, la plage de **Port-Homard** sert aussi de mouillage aux voiliers. La **Grande Grève**, plage concave à l'extrémité occidentale, fait face à tout un dédale d'écueils acérés. Une flottille de plaisanciers jette ses ancres dans ses eaux d'un bleu lagon. **p. 199**

Activités de plein air

Les grands espaces ouverts de la baie du Mont-Saint-Michel se prêtent formidablement à l'exploration en tout genre. Qu'on les aborde à pied, à vélo, à cheval, en bateau, ou en char à voile, ce site inscrit au patrimoine mondial est une merveille bien au-delà de l'abbaye bénédictine !

RANDONNÉE AU CRÉPUSCULE

Cette randonnée offre le spectacle envoûtant des grèves irisées s'enflammant sous les rais d'un soleil déclinant tandis qu'à l'horizon, son cercle empourpré s'enfonce vers la mer. Les ors, mauves et rouges illuminent les nuées tandis que la silhouette pyramidale du Mont-Saint-Michel s'assombrit et s'inscrit en ombre chinoise délicate contre le ciel, avant que les éclairages ne le parent d'un nouvel éclat.

Chemins de la Baie : 34, rue de l'Ortillon, Genêts • ☎ 02 33 89 80 88 • www.cheminsdelabaie.com • La baie en nocturne : 13 km, 4 h 30 ; départ au crépuscule du Bec d'Andaine, retour à la nuit tombée avec 30 min de pause au Mont-Saint-Michel.

À vélo sur la route des moulins

Un itinéraire loin des sentiers battus. Partant de Tanis, la véloroute rejoint les hauteurs de Huisnes-sur-Mer avant de redescendre sur Ardevon où subsiste un prieuré. Entre Beauvoir et la colline de Moidrey, jolies vues dégagées sur les polders et la baie.

Circuit balisé et cartographié. Coffret Rando-Manche disponible dans les offices de tourisme
• Boucle facile de 26 km au départ de Tanis • Couesnon Rive Gauche, 2, chaussée de Ville-Chérel, Pontorson • ☎ 02 99 39 30 78 et 06 49 88 39 74 • Juin-sept.
• Location de vélos à la base de plein air du Couesnon, VTT et VTC : 10 €/demi-journée.

BALADES ÉQUESTRES

Au départ du Bec d'Andaine, vous pouvez aussi changer de monture et choisir de traverser la baie à cheval. Encadrés par des guides expérimentés, vous parcourrez les kilomètres de grèves entre étendue de tangue, bancs de sable, traverserez les chenaux des rivières. Selon votre niveau, vous alternerez les allures, au pas, au trot, au galop et goûterez aux plaisirs d'une chevauchée dans un des plus beaux sites au monde.

L'Écurie du Bec : chemin des Croûtes, route du Bec d'Andaine, Genêts • ☎ 06 59 17 77 34 ou 06 08 72 01 17 • www.ecuriedu bec.fr • Randonnée dans la baie : 30 €/h ; traversée de la baie : 120 €/5 h.

À cheval dans la baie du Mont-St-Michel

TOUTES VOILES DEHORS

Réplique de bisquine, la « **Granvillaise** » propose des sorties époustouflantes à son bord. Ce voilier de pêche traditionnel peut rivaliser avec les vieux gréements de course grâce à sa surface de toile. Autant dire qu'à la moindre risée, le navire file et procure de formidables sensations de glisse sur les magnifiques plans d'eau entre Granville et Chausey. Ceux qui le souhaitent peuvent participer aux manœuvres. Belle occasion d'être mousse d'un demi-jour !

La Granvillaise : Association des Vieux Gréements de Granville, 43, bd des Amiraux-Granvillais, Granville • ☎ 02 33 90 07 51 • www.lagran villaise.org • Sortie à la demi-journée : 45 €, moins de 18 ans : 25 €.

CHAR À VOILE À JULLOUVILLE

Séquence sensation garantie ! Roulant à marée basse sur la plage à la surface lisse, dure et plane, les nouvelles générations de chars à voile pulvérisent les scores de vitesse mais peuvent aussi prendre le large, en restant coté terre, par petit vent. Ils succèdent aux aéroplages très en vogue à la Belle Époque.

Point Voile de Jullouville : rue de la Tanguière, Jullouville • ☎ 02 33 91 22 60 (hors saison à Granville) • Activité uniquement proposée pendant les vac. de Toussaint et de Pâques • Location : 85 €/2 h.

LE LONGE-CÔTE

Nouvelle pratique sportive, le longe-côte est tout à fait adapté aux eaux pas toujours très chaudes de la Manche. Sollicitant tous les muscles, ces longues marches immergées (avec combinaison) ne nécessitent pas d'entraînement particulier mais vous remettront en forme.

LCPG : 5, rue de la Tanguière, Jullouville • ☎ 06 63 00 06 94 • www. paysgranvillais.longecote.fr • Initiation en mai, juin et sept. ; sorties tte l'année • Tarif : 10 €, location de combinaison et bottillons comprise.

Les coups de cœur DE NOTRE AUTEUR

LA GRANGE DE TOM

Entre la salle aux murs de pierres apparentes et grandes verrières et la terrasse avec vue sur la baie, cette auberge de rase campagne a tout juste, de l'accueil à l'assiette bistronomique. **p. 210**

LA PROMENADE

Le restaurant installé dans les salons du bel immeuble La Promenade éclairés par les hautes baies déborde sur une terrasse donnant sur la fameuse digue-promenade. Idéal pour faire une pause gourmande. **p. 210**

La Table des Îles

LA TABLE DES ÎLES

Le petit Hôtel du Fort et des Îles propose une table des plus alléchantes ! Produits de la mer à l'honneur, préparés avec une pointe de sophistication et d'originalité. On aurait tort de bouder ce plaisir ! **p. 213**

LA PAILLOTTE

Il n'y a pas que la côte basque qui soit cool et branchée ! La côte normande a aussi ses surfeurs et *aficionados* hipsters. La preuve par dizaine à La Paillotte, un *beach-bar* dans les embruns du côté de Jullouville. **p. 214**

LA RAFALE

Repaire de marins depuis des lustres, ce petit bar est blotti entre les murs de la Haute-Ville à Granville. La bière et le rhum y coulent à flots dans une ambiance fraternelle. **p. 215**

SAINT-LÉNA

Loin des souvenirs made in China du mont, la boutique de Saint-Léna est une heureuse surprise. C'est chic et champêtre. **p. 216**

Restos & bistrots
RÉGION DU MONT

Le Mont-Saint-Michel (Visite 12 - p. 180)

LA MÈRE POULARD
Omelettes ①

Depuis ses débuts en 1888, La Mère Poulard a eu le temps de se tailler une réputation en accueillant à sa table tous les grands de ce monde. Plat phare, la fameuse omelette se fait toujours dans le respect de la tradition : soufflée et cuite au feu de bois comme le démontre le mirliton devant la grande cheminée de l'entrée. Évidemment, le succès a fait grimper les prix. Si possible, réservez dans la salle à l'étage pour jouir de la vue.

Grande-Rue • ☎ 02 33 89 68 68 • T.l.j. en service continu • Menu : à partir de 38 €.

La Mère Poulard

LE DUGESCLIN
Traditionnel ②

Au dernier étage de l'hôtel, la salle de restaurant contemple à travers les grandes ouvertures la baie à ses pieds. L'accueil est prévenant en adéquation avec le décor pastel un peu vieillot, les nappes blanches repassées, les couverts en argent. La carte présente quelques plats vedettes : les huîtres creuses, les moules marinières, le gigot d'agneau de pré-salé, le camembert normand... et le far breton ! C'est tout bonnement bon.

Grande-Rue • ☎ 02 33 60 14 10 • T.l.j. 11h30-14h et 18h30-20h30 • Menu : à partir de 20,90 €.

La baie du Mont-Saint-Michel (Visite 13 - p. 188)

LA FERME SAINT-MICHEL
Ferme-auberge ③

Dépendance d'une ferme des polders, la grande grange au décor rustique s'ouvre sur un jardin ombragé et au calme. La cuisine de la maison s'applique à concocter des plats du terroir goûteux comme les terrines de légumes

La Ferme Saint-Michel

ou l'effiloché d'agneau de pré-salé. Le velouté de carottes au foie gras est un régal !
Route du Mont-Saint-Michel, La Caserne • ☎ 02 33 58 46 79 • www.restaurantfermesaintmichel.com • T.l.j. midi et soir • Menu : à partir de 22 € ; forfait boisson : à partir de 6 €.

VOIR AUSSI

Café de L'Atelier Saint-Michel | p. 191 ④

Le pays de Granville et Chausey (Visite 14 - p. 194)

LA GRANGE DE TOM
Néo-resto ⑤

Au détour de la route littorale, dans sa portion la plus panoramique, la maison accroche le regard. Depuis la salle ou la terrasse, vous ne vous lasserez pas d'admirer les grèves en contrebas. Mais, la vue ne sera pas le seul sens ravi. Le goût sera aussi à la fête grâce au talent du chef Damien Gourdel. Écrevisses, *pluma* de porc ibérique, châtaigne, écrasé de pommes de terre à la truffe, soupe de fraises, les saveurs pétillent !
À Champeaux. 40, route des Falaises • ☎ 02 33 61 85 52 • Menu (entrée, plat, dessert) : à partir de 27 €.

LA PROMENADE
Brasserie ⑥

On s'y arrête pour le cadre et la vue qui fleurent bon les heures insouciantes de la Belle Époque. On y passe de délicieux moments grâce à une cuisine sur le fil, relevée par des accompagnements subtils comme la soupe d'étrilles au cidre sec et rouille safranée. On s'y attarde encore tant l'accueil est souriant.
À Jullouville. Place du Casino • ☎ 02 33 90 80 20 • De mi-mars à mi-nov. : mer.-sam. midi et soir, dim. midi • Menu : 34,50 €.

LE PONT BLEU
Poissons et crustacés ⑦

Cette auberge à la devanture classique sait faire rimer saveurs maritimes et douceurs maraîchères. Le secret de ces recettes fraîches (soupe de poissons, croustillant de langoustines) réside dans la quête du bon produit. Avec les pêcheurs, ostréiculteurs, mytiliculteurs et agriculteurs voisins, le maître-restaurateur Franck Leboucher se fait plaisir... et nous régale !

À Saint-Pair-sur-Mer. Route de Jullouville, Kairon-Plage • ☎ 02 33 51 88 30 • Ven.-mar. midi et soir et mer. midi ; f. les mer. soir et jeu. • Formule midi en sem. : 21 € ; menu : à partir de 27 €.

AU P'TIT MAREYEUR
Coquillages et crustacés ⑧

Rien de tel pour déguster un plateau de fruits de mer que de l'acheter à la source ! Ce poissonnier installé sur le port propose quelques tables en terrasse où les huîtres de Chausey et le petit vin blanc qui va avec auront un goût incomparable.

À Granville. 64, rue du Port • ☎ 02 33 90 46 76 • www.poissonnerie-auptitmareyeur.com • T.l.j. 8h-19h30 • Assiette 6 huîtres et verre de vin : 9 €.

AUX PETITS OIGNONS
Mini-brasserie ⑨

L'enseigne ressemble à une carte postale ancienne colorisée : vitrine rouge, nappes au motif vichy, chaises de bistrot. Rétro, la table l'est aussi puisqu'on sert ici des petits plats de grand-mère : os à moelle, aile de raie, île flottante... Finalement, on ne s'en lasse pas, surtout à ce prix-là !

À Granville. 93, rue des Juifs • ☎ 02 33 69 46 82 • Mar.-sam. 12h-14h30 et 19h-22h30 (en été, ouv. aussi le dim.) ; f. 2 sem. en janv. et 2 sem. en oct. • Menu : 12,50 €.

Aux Petits Oignons

Contre Vents et Marées

MER & SAVEUR
Poissons ⑩

Implanté sur le port et sous une telle enseigne, le restaurant ne peut être que sous influence maritime ! La carte, renouvelée au fil des saisons et arrivages, fait donc la part belle aux produits de la mer. Le chef les sublime en un tour de main expert et le service est agréable. Que rêver de plus ?

À Granville. 49, rue du Port • ☎ 02 33 50 05 80 • Mar.-dim. 12h-14h et 19h-22h, jeu. et dim. 12h-14h • Formule midi : 14,50 € ; menu soir (entrée, plat, dessert) : à partir de 34 €.

PARFUM POIVRE
Grillades ⑪

Pour une fois, voici un établissement qui a su prendre avec talent le contre-pied de la tendance générale. Si Granville est un port de pêche, elle est aussi bordée de pâturages ! Voici donc un temple de la viande... et des frites !

À Granville. 23, rue Couraye • ☎ 02 33 69 17 98 • T.l.j., service continu • Menu (entrée, plat) : 13 €.

CONTRE VENTS ET MARÉES
Bistronomie ⑫

Dominant le Sound, la salle aux grandes baies et au décor de bardeaux blancs et bois flottés fait écho à cet univers insulaire, tout comme la carte qui table sur les bulots (spécialité granvillaise) et le gigot d'agneau venu tout droit de la baie voisine. On peut aussi s'installer au bar Le Sound, entre deux services, pour siroter une blonde ou un café.

À Chausey. La Grande Île • ☎ 02 33 59 83 36 • Mars-début nov. : t.l.j. 12h-14h et 19h-21h • Menu : à partir de 25 €.

LA TABLE DES ÎLES
Spécialités de la mer ⑬

Avec sa vue sur l'archipel au-delà des yuccas, le restaurant de l'Hôtel du Fort et des Îles a un parfum de paradis presque tropical, en été surtout ! Derrière les larges baies vitrées, à l'abri du vent, on se réfugie à l'intérieur pour déguster homards bleus, palourdes farcies et autres bouquets à la mode de Chausey. Tout est frais et fin. Aux beaux jours, on profite aussi du bar de la Sirène, et des tables installées dehors pour grignoter et siroter au soleil ou à l'ombre des parasols.

À Chausey. Hôtel du Fort et des Îles • ☎ 02 33 50 25 02 • 31 mars-30 sept. : t.l.j. midi et soir • Formule sur le pouce : 15 € ; menu : à partir de 29 € • Résa uniquement par tél.

CÔTÉ SAINT-PIERRE
Gastronomique ⑭

Dans une demeure du XVIIe s. installée sur le parvis de l'église Saint-Pierre, le restaurant tenu par Damien et Élise est bien dans l'air du temps. Chaque jour, le chef imagine une nouvelle ardoise à partir d'ingrédients frais locaux qu'il sélectionne chez quelques producteurs de confiance.

À Coutances. 55, rue Geoffroy-de-Montbray • ☎ 02 33 47 94 78 • www.cote-saint-pierre.fr • Mar.-sam. 12h-13h30 et 19h-21h • Menu midi (en sem.) : 18 € ; menu soir : à partir de 25 €.

VOIR AUSSI

Picorette | p. 196 | ⑮
Les Pipelettes | p. 201 | ⑯

La Table des Îles

Bars, clubs & sorties
RÉGION DU MONT

Le pays de Granville et Chausey (Visite 14 - p. 194)

LA PAILLOTE
Bar de plage ①

Une simple bicoque de planche et de toile, des chaises et tables en plastique les pieds dans le sable, le bonheur est sur la plage ! On savoure ici le coucher de soleil tout en sirotant un cocktail et en écoutant de la bonne musique. Soirées DJ et concerts en été.

À Carolles-Plage. Rue des Tamaris • ☎ 06 83 02 38 34.

LE BLOCKHAUS
Bar de plage ②

Vers les dunes de Kairon-Plage, cette structure en bois démontable au style cabine chic fait face à l'horizon bleu. Impeccable pour calmer ses petits creux d'après-midi ou étancher sa soif de début de soirée.

À Granville. 202, av. des Vendéens.

LES PLANCHES
Bar à vins et à tapas ③

Dans la ville basse, voici un joli bar à la déco soignée : verrières noires, murs bleu sombre, zinc... L'ardoise annonce le menu : version tartines chaudes, œufs mayonnaise et autres grignotages, mais aussi plat du jour à midi. Et côté boisson, il y a un vaste choix de vins au verre, de bières spéciales et d'alcool.

La Rafale

À Granville. 10, rue du Docteur-Letourneur • ☎ 02 33 59 11 98 • Lun.-sam. 9h30-minuit (aussi dim. en été) ; service à toute heure • Assiette : de 13 à 15 € ; verre de vin : à partir de 4 €.

LA RAFALE
Bar et cave à bières ④

Rendez-vous favori des Granvillais qui apprécient, sous les fresques poétiques du plafond, la collection de pintes (90 références), les soirées bœuf un jeudi soir par mois, les concerts estivaux sur la place et l'ambiance informelle.

À Granville. 6, pl. Cambernon • ☎ 02 33 50 10 01 • www.la-rafale.com • Juin-août : t.l.j. 10h-2h ; sept.-mai : mer.-dim. 10h-1h (ven.-sam. 2h).

LA CIGALE VOYAGEUSE
Bar culturel ⑤

Un bar-restaurant ouvert à toutes les aventures artistiques, des DJ sets aux expositions de photos en passant par des soirées terroir... La programmation voit large et la cuisine vise juste : brandade de morue ou galettes, et le porte-monnaie ne fait pas grise mine.

À Granville. 42, rue des Juifs • ☎ 06 73 79 52 97.

CASINO DE GRANVILLE
Casino ⑥

Quitte à miser de l'argent, autant le faire dans un lieu historique ! Entre les machines à sous, le

Casino de Granville

black-jack et la roulette anglaise, vous aurez plein d'occasions de gagner le jackpot... ou non. N'hésitez pas à faire une pause au bar-lounge musical, le Baraka.

À Granville. Place Maréchal-Foch • ☎ 02 33 50 00 79 • De début sept. à mi-juin : t.l.j. 10h-3h (jeu.-sam. 4h) ; de mi-juin à fin août : t.l.j. 10h-4h.

LE CHAT QUI BOIT
Bar ⑦

Ici, la sélection se concentre sur les vins bio et naturels, une passion contagieuse que Nicolas, aux commandes, sait communiquer à ses clients. On peut repartir avec une bouteille ou trinquer à la bière locale. Concerts en salle ou en terrasse. Belle collection de vinyles en plus !

À Coutances. 10, rue Gambetta • ☎ 02 33 47 75 90 • www.caveduchat.fr • Mar.-ven. 10h-14h et 16h30-21h, sam. 11h-21h.

Boutiques
RÉGION DU MONT

La baie du Mont-Saint-Michel (Visite 13 - p. 188)

Saint-Léna

TRICOTS SAINT JAMES
Pulls marins ①

C'est la Mecque de la marinière ! Une Mecque qui cultive le made in France, ce qui est suffisamment rare dans l'industrie textile pour être souligné. Bonnets, casquettes, cabans, pulls et écharpes sont fabriquées à deux pas de là, à Saint James. Entreprise du Patrimoine vivant, les Tricots Saint-James perpétuent les modèles éternels tout en renouvelant la collection.

À Beauvoir. 15, route du Mont-Saint-Michel • ☎ 02 33 89 59 49 • Lun.-sam. 10h-19h.

LA BISQU'IN
Conserverie artisanale ②

Dans son laboratoire artisanal, La Bisqu'in élabore des produits d'épicerie fine du terroir normand et breton : bisques et soupes, rillettes et marinades. Dans la boutique, vous trouverez aussi une gamme d'alcools : cidres, calvados et pommeau.

À Beauvoir. 32, route du Mont-Saint-Michel • ☎ 02 33 60 77 25 • T.l.j. 7h-21h.

SAINT-LÉNA
Petite déco ③

Attenants à un salon de coiffure aussi chic qu'atypique et surprenant dans ce coin de campagne, les rayonnages déco de la griffe Saint-Léna redonnent une nouvelle jeunesse à la silhouette du Mont. Loin des babioles bon marché, le linge de maison en lin aux couleurs sourdes est de belle qualité. On aime le motif dessiné au trait ou en ombre chinoise, le choix des tissus et on voudrait presque qu'il pleuve pour sortir son parapluie montois !

À Vains. 12, rue des Pêcheurs • ☎ 02 33 58 03 26 • Mar.-sam. 9h-19h.

CARA-MEUHA
Caramels ④

Dans cette exploitation laitière depuis quatre générations, on n'a pas eu peur de procéder à une reconversion radicale après la crise du lait. Plutôt que d'abandonner l'élevage, la famille a décidé de créer de la valeur ajoutée en fabriquant non pas des fromages ou des yaourts mais... des caramels ! Bio et beaux, parfumés différemment, ils fondent sous la langue. Visite du musée à l'étage en accès libre, visite guidée sur réservation : 2 €.

À Vains. 11, route de Saint-Léonard • ☎ 02 33 70 82 40 • Mar.-ven. 9h-12h et 14h-18h30, sam. et lun. 14h-18h30.

Le pays de Granville et Chausey (Visite 14 – p. 194)

UN POIL GOURMAND
Épicerie fine ⑤

Une caverne d'Ali Baba pour les gourmands de tout poil ! Des sucettes au caramel aux authentiques oursons à la guimauve, le goût de l'enfance ressurgit. Mais on peut aussi remplir son cabas de calvados et boîtes de maquereaux de luxe !

À Granville. 3, rue Georges-Clemenceau • ☎ 02 33 50 68 68 • Lun. 14h-19h, mar.-sam. 10h-12h30 et 14h-19h30, dim. 10h-13h et 15h-19h.

COMPTOIR DE LA MER
Prêt-à-porter ⑥

Dans la grande tradition bretonne et normande, cette coopérative vend des articles de toutes sortes pour les marins. Chaussures de bateau, marinières et vareuses, cirés et pulls côtelés marins mais aussi des vêtements plus techniques. Une bonne adresse pour ressembler à un loup (ou une louve) de mer !

À Granville. Rue des Îles (vers le débarcadère) • ☎ 02 33 90 93 35 • T.l.j. 9h-12h30 et 14h-18h30 (dim. 10h).

LA FERME COUTANÇAISE
Produits fermiers ⑦

Pour les locavores de passage, voici une bonne adresse pour faire le plein de produits normands ! Plus de 400 références provenant de petites exploitations de la Manche en vente directe. Le magasin s'attache également à mettre en valeur des spécialités de la Manche comme le cidre AOC cotentin, la teurgoule, la confiture de lait et le cervelas (fermier). Voilà comment rapporter de bons souvenirs tout en faisant du bien à l'économie régionale.

À Coutances. 92A, av. de la Division-Leclerc • ☎ 02 50 52 34 46 • Mer. 15h-19h, jeu. 10h-12h30 et 15h-19h, ven.-sam. 10h-19h.

Hôtels
RÉGION DU MONT

Le Mont-Saint-Michel (Visite 12 - p. 180)

LA TÊTE NOIRE

Deux chambres d'hôtes lovées dans la plus ancienne maison du Mont-Saint-Michel, donnant d'un côté sur la Grande-Rue et de l'autre sur les remparts. On ne résiste pas au charme des boiseries anciennes, du lit en alcôve ou à baldaquin, ni à cette vue sublime tournée vers les grèves ou l'abbaye.

Au Mont-Saint-Michel. Grande-Rue • ☎ 06 87 19 94 05 • Chambres d'hôtes sur Airbnb • Ch. double : à partir de 170 € • Attention, mieux vaut réserver longtemps à l'avance.

La baie du Mont-Saint-Michel (Visite 13 - p. 188)

LE CLOS SAINT-GILLES

Restaurée par Gilles et Joëlle de Champs, cette grande demeure du XVIIe s. est devenue une agréable maison d'hôtes sertie d'un superbe jardin avec vue sur le Mont-Saint-Michel dans le lointain. Les trois grandes chambres au cachet ancien sont rehaussées de quelques touches contemporaines

À Ardevon. 2, route de Saint-Gilles, Pontorson • ☎ 02 33 48 07 63 • www.leclossaintgilles.fr. • Ch. double : 110 €.

HÔTEL LA RAMADE

Entourée d'un grand parc arboré, cette massive maison de maître d'après-guerre a trouvé un second souffle en devenant un hôtel de charme. Une nouvelle bâtisse construite en 2014, ajoute quelques chambres supplémentaires, tout en gardant cette sensibilité très féminine.

À Avranches. Rue de la Côté • ☎ 02 33 58 27 40 • www.laramade.fr • Ch. double : à partir de 74 €.

Le pays de Granville et Chausey (Visite 14 - p. 194)

L'AUBERGE DE CAROLLES

Installée dans l'ancien presbytère, face à la ravissante église et tout près des plages, l'Auberge de Carolles est une halte de caractère. Les sept chambres claires sont décorées dans un style sobre mais chaleureux. Le petit déjeuner

est généreux et succulent. Pas étonnant car l'établissement est tenu par un vrai chef.
À Carolles. Parvis Saint-Victor • ☎ 02 33 69 16 05 • www.aubergedecarolles.fr • Ch. double : à partir de 77 €.

L'HÔTEL DES PINS

Ce petit établissement de huit chambres vient d'être rénové avec goût dans un style vintage. À proximité immédiate de la grande plage de Jullouville, il dispose aussi d'un restaurant et d'une grande terrasse ouverte en saison.
À Jullouville. 38, av. de la Libération • ☎ 02 33 61 81 63 • www.hoteldespinsjullouville.com • Ch. double : 90 €.

VILLA SAINT-JEAN

Au cœur de la cité, cette classique villa bourgeoise a été agrandie d'une aile contemporaine encadrant une piscine. L'intérieur mélange avec grâce, parquets anciens, carrelages bicolores, meubles patinés, horloges murales, cloisons en verrières industrielles, camaïeu de teintes... Les trois chambres poursuivent cette douce veine.
À Granville. 14, rue Cocardière • ☎ 02 14 13 18 89 • www.villasaintjean.com • Ch. double : de 85 à 110 € selon la saison.

HOTEL IBIS GRANVILLE PORT DE PLAISANCE

L'hôtel à la silhouette très 1970 se trouve à deux pas de l'embarcadère. L'intérieur a subi une heureuse cure de rajeunissement. C'est pop, simple et réussi. La terrasse avec vue sur les voiliers à quai est bien agréable.
À Granville. Port de Plaisance, rue des Isles • ☎ 02 33 90 48 08 •Chambre double à partir de 65 €.

HÔTEL DU FORT ET DES ÎLES

Le site est exceptionnel et l'hôtel, du haut de ses 130 années d'activité avec ses modestes proportions, ses murs blancs, ses volets bleus et son jardin méridional témoigne d'un charme éternel. Les huit chambres, dont quatre côté mer, sont décorées à la façon des cabines de bateau. Voilà donc une adresse confidentielle qui ravira tous les amoureux de calme et de beauté.
À Chausey. La Grande-Île • ☎ 02 33 50 25 02 • www.hotel-chausey.com • Avr.-sept. • Ch. double : 110 € ; demi-pension obligatoire à régler sur place.

LA FERME DE CHAUSEY

L'ancienne ferme encore en activité à la fin du XXe s. a été réaménagée entièrement pour offrir 20 gîtes confortables, en studio ou duplex, s'ouvrant sur un grand jardin central. D'une capacité allant de 2-3 personnes à 8-9 personnes, ils sont propres et fonctionnels.
À Chausey. Village des Blainvilliers • ☎ 02 33 90 90 53 • Studio en court séjour (3 nuits) en moyenne saison : à partir de 266 € ; en haute saison, location à la semaine uniquement : studio à partir de 643 €.

Carnet

PRATIQUE

Retrouvez toutes nos adresses localisées sur les cartes et plans grâce à un numéro coloré.

56	35	28
Restos	Bars	Boutiques

Le numéro renvoie à sa notice détaillée dans le chapitre concerné.

QUAND PARTIR ?

Le **climat océanique tempéré** qui règne sur toute la Normandie se traduit par une répartition assez homogène des pluies sur l'année, même si l'automne et l'hiver sont un peu plus arrosés, et par une faible amplitude thermique. Les étés sont frais et les hivers doux en général. On peut donc visiter la région en toute saison, chacune ayant son charme particulier.
Les températures estivales modérées et l'air marin qui souffle sur la côte seront très appréciés par beaucoup de vacanciers sans que cette fréquentation ne prenne des proportions de foule. Qu'on choisisse le littoral ou l'intérieur des terres, on profite ici d'un sentiment à la fois de liberté et d'intimité. Seule exception à la règle, le Mont-Saint-Michel est victime de sa réputation mondiale et fait le plein presque chaque jour du calendrier, et encore plus au moment des grandes marées d'équinoxe.

POUR Y ALLER

EN VOITURE

Le bord de mer normand a depuis longtemps attiré les Parisiens. Véritable cordon ombilical, l'**autoroute A13** relie donc la capitale à Rouen en 130 km, jusqu'à Dieppe au nord en 200 km, et au Mont-Saint-Michel à l'extrémité occidentale en 357 km. Pour échapper aux embouteillages, mieux vaut éviter les heures de pointe, et en particulier le vendredi après-midi et le dimanche soir.

Faire la fête

L'année normande est rythmée par une myriade d'événements festifs (p. 16-17). Le **carnaval de Granville**, classé par l'Unesco, est une fête populaire unique en son genre (voir p. 198). L'été, la saison des festivals bat son plein. Pour une ambiance *revival*, filez aux **Médiévales de Bayeux** (en juillet) ou encore au célèbre **concours de mât incliné** à Honfleur (14 juillet). Le 29 septembre, la célébration de la **Saint-Michel**, le patron des Normands, est l'occasion de messes à l'abbaye du Mont-Saint-Michel. En novembre, à Dieppe, 100 000 personnes célèbrent les harengs et les coquilles saint-jacques.

Le réseau autoroutier transversal permet aussi de rejoindre les grandes métropoles normandes depuis Rennes, via l'**A84**, Le Mans, via l'**A28**, Amiens et Boulogne-sur-Mer, via l'**A29**.

EN TRAIN ET EN BUS

La **branche Paris-Normandie** du réseau ferroviaire est bien desservie en termes de fréquences avec, au départ de la gare Saint-Lazare, des trains pour Rouen, Caen, Trouville-Deauville, Le Havre, toutes les heures ou deux heures. En revanche, ce segment reste classique et n'a pas vu ses temps de trajet raccourcir vraiment. Il faut donc compter environ 1 h 30 pour gagner Rouen, de 2 h à 2 h 15 pour les autres gares.
Le Mont-Saint-Michel, grâce à la ligne **TGV Paris-Rennes** et à une bonne correspondance avec un autocar, s'est vu, en revanche, rapprocher de Paris (3 h) !
Les sociétés **Ouibus** et **Flixbus** proposent des liaisons régulières au départ de Paris.

Depuis la province, la plupart des lignes de bus transitent par Paris. Néanmoins, **Flixbus** assure des liaisons directes Caen/Lille (5 h) et Rouen/Lille (3 h 30), Caen/Rennes (2 h 30) et Rouen/Rennes (5 h) et Ouibus propose un trajet direct Caen/Rennes (2 h 50). De la même façon, le réseau ferré français en étoile induit des correspondances dans les gares parisiennes, centrales ou périphériques. En provenance du nord, les voyageurs peuvent ainsi passer via la gare de Roissy-Charles-de-Gaulle. En train, les liaisons directes existent entre Caen et Rennes par TER (3 h) et entre Rouen et Lille (2 h 40).
www.oui.sncf
www.flixbus.fr
www.ouibus.com

ET LE BUDGET ?

Hormis le transport (billet de train ou cumul essence-péage qui dépend de votre point de départ), le budget à prévoir dépendra de plusieurs facteurs. **En haute saison** (juin-sept.), attendez-vous à une légère majoration des prix pour l'hôtellerie, surtout dans les villes touristiques et stations balnéaires ; les pics de fréquentation de fin de semaine sur le bord de mer (Honfleur, Deauville, Étretat) ont également une incidence à la hausse sur les tarifs. Comptez environ 100 à 120 € pour une chambre double dans un hôtel de charme. Mais, grâce à la tarification en fonction du remplissage, des opportunités se présentent parfois avec des offres autour de 60 € dans des établissements corrects ou encore des nuitées très compétitives en hôtel de grand standing. Le mode d'hébergement choisi permet d'opter pour des solutions économiques : camping, auberge de jeunesse, B&B ou encore chambre chez l'habitant (à partir de 30 € pour une chambre). Autre volet important de dépenses, la **restauration** pratique les prix moyens relevés dans l'Hexagone. Pas de surprise, donc, côté addition. Du restaurant gastronomique à la crêperie, il y a de nombreuses variantes possibles. Les tarifs des **loisirs** (sorties accompagnées avec guide, randonnées équestres, sports nautiques, survols en ULM) peuvent vite augmenter la facture tandis que les sorties culturelles restent très accessibles, voire gratuites comme pour les musées de Rouen.

DORMIR EN NORMANDIE

En Normandie, le parc hôtelier reflète un pan entier de l'histoire des loisirs et des congés. Certains grands hôtels de la Côte Fleurie rappellent les grandes heures des débuts du tourisme et de la villégiature et cultivent avec soin ce cachet d'une autre époque. Moins luxueuses, les pensions de famille ont elles aussi prospéré sur les fronts de mer. À côté de ces adresses de charme, plus ou moins rénovées, l'offre des grands groupes hôteliers, plus contemporaine, s'est étoffée. Il faut aussi aujourd'hui compter sur le vaste éventail des logements chez l'habitant. Et la soif d'expériences décalées est désormais à notre portée : yourtes, roulottes et autres cabanes se sont récemment multipliées jusque dans la tranquille province normande. Pour avoir une vision d'ensemble de ces nuits au goût d'aventure, rendez-vous sur la sélection de l'office du tourisme de Normandie.

Sites utiles

www.normandie-tourisme.fr
Une sélection d'adresses classées par type de produits, hôtels, gîtes, chambres d'hôtes... (fiches détaillées, contact) mais ce n'est pas une centrale de réservation.

www.gites-de-france.com

www.clevacances.com

Les plate-formes **Airbnb, Leboncoin, Abritel** offrent un très large panel de logements chez l'habitant.

SE DÉPLACER EN NORMANDIE

www.commentjyvais.fr est un portail d'information et un moteur de recherche conçu pour organiser et faciliter vos déplacements en Normandie : calcul d'itinéraire, durée des trajets, horaires, tarifs et plans des réseaux de transports en commun, informations sur le trafic et les perturbations... En quelques clics, vous trouverez le moyen le plus rapide pour vous rendre d'un point A à un point B, en transport collectif (train, car, bus, avion) ou personnel. Toutes les zones traitées dans

À savoir

La traversée du **pont de Normandie** coûte 5,40 € pour un véhicule de classe 1. Elle est gratuite pour les piétons, les cyclistes et motocyclistes.

ce guide sont bien desservies par les transports en commun tels que train, bus ou bateau.

EN VOITURE

Le réseau des routes est dense. Si les autoroutes permettent de relier facilement les principales villes de la région, c'est en sillonnant les petites routes départementales que vous profiterez pleinement du charme des paysages normands. Les principales agences de location sont présentes dans les grandes villes et possèdent en général un guichet à proximité des gares SNCF.

EN TRAIN

La meilleure option pour se déplacer entre les principales villes normandes si l'on n'est pas motorisé. La carte sans contact Atoumod est le support unique pour voyager sur le réseau TER normand, seul ou en combinaison avec d'autres réseaux de bus ou tram (Twisto – réseau de transports urbains – et Manéo – réseau de transports interurbains – à Caen la Mer et Bus Verts du Calvados). Proposé tous les week-ends d'avril à fin octobre, le **Pass Normandie Découverte** permet à deux adultes de circuler en illimité sur tout le réseau TER normand pendant deux jours consécutifs pour un tarif unique de 20 € (gratuité pour les enfants de 4 à 11 ans, + 5 € par voyageur supplémentaire dans la limite de 3).
www.ter.sncf.com/normandie

EN BUS

Chaque département possède son propre réseau de bus. Attention, les liaisons sont moins fréquentes le week-end, voire inexistantes le dimanche. Retrouvez les horaires des lignes régulières de l'ensemble des transports régionaux sur le site **transports.normandie.fr**

Calvados :
Bus Verts : www.busverts.fr
Manche :
Manéo : www.manche.fr/transports

EN BATEAU

La compagnie maritime **Manche Îles Express** assure la liaison avec les îles Anglo-Normandes (Jersey, Guernesey, Aurigny et Sercq) au départ de Diélette, Barneville-Carteret et Granville. La liaison avec les îles Chausey au départ de Granville est proposée par Manche Îles Express et **Jolie France**.
www.manche-iles.com
www.vedettesjoliefrance.com

SPORTS ET LOISIRS

BAIGNADE

Plages de sable ou de galets, criques rocheuses nichées au creux des valleuses, plages citadines ou sauvages, il y en a pour tous les goûts ! La température de l'eau varie entre 9 °C en hiver et 18-19 °C en été. En dehors des mois d'été,

Gare aux courants d'arrachement !

Un baigneur pris dans une **baïne** (bassine qui se remplit à marée montante et se vide à marée descendante) peut être emporté au large très rapidement par un courant d'arrachement. Dans ce cas, ne pas chercher à résister, se laisser porter et essayer de nager à l'horizontale de la plage pour s'éloigner de la zone de courant puis s'aider de la force des vagues pour rentrer au bord.

seuls les plus courageux se jettent à l'eau ! Pour éviter les risques et profiter de l'eau sans danger, renseignez-vous sur l'état de la mer et des courants et privilégiez les zones surveillées (généralement en juil.-août). Sur la Côte d'Albâtre, évitez de vous installer au pied des falaises, les risques d'éboulement sont réels et fréquents.
Enfin, le site **baignades.sante.gouv.fr** permet de connaître en temps réel la qualité des eaux de votre lieu de vacances.
Horaires des marées : maree.shom.fr

CYCLOTOURISME

Entre les voies vertes, adaptées aux balades familiales, les circuits VTT et les véloroutes, la Normandie offre une multitude d'itinéraires cyclistes ainsi qu'un relief relativement plat propice à la pratique de la petite reine. Retrouvez les principaux itinéraires sur le site **veloenfrance.fr**

Les principales véloroutes :

La Véloscénie : itinéraire de 450 km de Paris au Mont-Saint-Michel.
www.veloscenie.com

Des plages du Débarquement au Mont-Saint-Michel : itinéraire de 200 à 230 km selon le point de départ (Port-en-Bessin, Arromanches ou Utah Beach).

L'Avenue Verte London-Paris : itinéraire de 406 km, dont 142 km en Normandie, entre les deux capitales. Traversée de la Manche entre Dieppe et Newhaven.
www.avenuevertelondonparis.com

La véloroute du littoral : plusieurs tronçons de l'itinéraire européen EuroVelo 4, reliant Kief à Roscoff, sont déjà accessibles : 18 km du Tréport au Havre, 100 km de Cabourg à Omaha Beach, 346 km de Carentan au Mont-Saint-Michel via Cherbourg. Cette véloroute permettra à terme de parcourir le littoral normand du Tréport au Mont-Saint-Michel.
www.tourdemanche.com

Le Tour de Manche : grande boucle franco-britannique reliant la Normandie et la Bretagne au sud-ouest de l'Angleterre. 1200 km dont 242 km en Normandie.
www.tourdemanche.com

La Vélo Francette : itinéraire de 600 km entre Ouistreham et La Rochelle, dont 140 km en

Normandie via Caen et la vallée de l'Orne en Suisse normande.
www.lavelofrancette.com
La Seine à vélo : plus de la moitié de la véloroute entre Paris et Le Havre est déjà aménagée. L'itinéraire jongle sur les deux rives de la Seine où des bacs (gratuits) permettent la traversée du fleuve.

PLONGÉE SOUS-MARINE

En Normandie, on ne plonge pas pour la beauté des fonds marins, mais pour explorer les épaves, vestiges du Débarquement de 1944. Le littoral normand est un gigantesque cimetière sous-marin où gisent des centaines de bateaux échoués au fond de l'eau. Les **plongées sur épaves**, reposant de - 12 mètres à - 25 mètres de profondeur, sont accessibles à tous les niveaux, débutants et expérimentés. Les épaves servent de refuge à une multitude de poissons, bancs de tacauds, bars, lieus jaunes, morues, saint-pierre... La meilleure période pour la plongée se situe entre juin et août.
Fédération française d'études et de sports sous-marins : www.ffessm.fr

RANDONNÉE ÉQUESTRE

Constellée de centres et de fermes équestres, dotée de haras et d'hippodromes prestigieux, berceau du percheron et du cob normand, la Normandie est le pays du cheval par excellence. Le littoral comme la campagne offrent des cadres bucoliques ou spectaculaires pour la randonnée équestre, de la simple balade d'1 h à la randonnée de plusieurs jours.
Liste des clubs équestres sur le site du Comité régional d'équitation de Normandie : www.chevalnormandie.com

RANDONNÉE PÉDESTRE

Un réseau de sentiers de grande randonnée (GR©), de voies vertes et de sentiers de pays émaille le territoire normand, offrant de nombreuses options de balades aux marcheurs. Se procurer cartes et topoguides auprès de la Fédération française de la randonnée pédestre, des comités départementaux de tourisme et des offices de tourisme.
Fédération française de la randonnée pédestre : www.ffrandonnee.fr

Les principaux sentiers du littoral traversent des paysages époustouflants :
GR21© : il relie Le Havre au Tréport en longeant les falaises de la Côte d'Albâtre.
Le sentier des Douaniers - GR223© : 446 km entre terre et mer, de la baie des Veys à celle du Mont-Saint-Michel.

Pour des balades bucoliques :
Le Parc naturel régional des Boucles de la Seine normande : pas moins de 1200 km de sentiers balisés entre falaises, coteaux, plateaux, forêts et marais.
www.pnr-seine-normande.com
Les Chemins du Mont-Saint-Michel : anciennes voies de pèlerinage au départ de Cherbourg, Barfleur, Caen ou Rouen.
www.lescheminsdumontsaintmichel.com

SPORTS D'EAU ET DE VOILE

Avec plus de 600 km de côtes, la Normandie se prête à merveille à la pratique des sports nautiques. En saison, vous pourrez prendre des cours de voile (planche à voile, Optimist, dériveur, catamaran) dans l'un des nombreux clubs nautiques normands ou simplement louer du matériel. Le char à voile se pratique sur les longues plages de sable de la Côte Fleurie, de la Côte de Nacre et du Débarquement. Les surfeurs se jettent à l'eau du côté de Dieppe, Étretat, Le Havre, Trouville, Arromanches et sur la côte ouest du Cotentin. Le kitesurf a le vent en poupe à Deauville, Houlgate, Cabourg et Ouistreham. Kayak de mer ou stand-up paddle sont les bonnes options pour explorer la côte en toute liberté et à son rythme.

Promenade en mer

Lors de votre séjour, prévoyez une sortie en mer à bord d'une **vedette**, d'un **voilier** ou d'un **vieux gréement**. Les falaises d'Étretat, le port du Havre et la baie de Seine, les stations de la Côte Fleurie, les plages du Débarquement, la baie du Mont-Saint-Michel... Vus de la mer, ces sites prennent une autre dimension ! Pour une expérience authentique, optez pour une promenade à bord d'un vieux gréement : on vous proposera souvent de participer à la manœuvre ! Ces beaux voiliers historiques mouillent dans les ports de Dieppe, Fécamp, Honfleur et Granville.

Fédération française de voile :
www.ffvoile.fr
Fédération française de char à voile :
www.ffcv.org
Fédération française de vol libre :
www.ffvl.fr

Index

CRÉDITS PHOTOGRAPHIQUES

Intérieur

Adobe Sock : aquaphoto p. 187 ; aterrom p. 7 milieu, p. 46 ; Boris Breytman p. 201 ; Ariane Citron p. 203 ; DjiggiBodgi.com p. 179 ; fred35 : p. 207 ; Antonio Gaudencio p. 5 bas ; Gribouilleeva p. 147 ; jerome p. 153 ; Jorisvo p. 7 ht ; Koenig foto p. 202 ; Laurent 6494 p. 79 ; Lotharingia p. 8 ; Christian Musat p. 197 ; PackShot p. 36 ; Pixaterra p. 85 ; Kevin Puget p. 6 bas ; Olivier Rault p. 156, p. 185 ; saravicus p.155 ; E. Seghur p. 80 ; shorty25 p. 4 ht.
Agefotostock : San Rostro p. 94 ; p. 103, Riccardo Bianchi p. 169.
Éric Bénard : p. 2, p. 6 ht, p. 12, p. 13, p. 14, p. 21, p. 23, p. 27, p. 29, p. 31, p. 32, p. 33, p. 34, p. 35, p. 37 ht. et bas, p. 39, p. 41, p. 43, p. 44, p. 47, p. 50, p. 51, p. 54, p. 55, p. 56, p. 57, p. 60, p. 63, p. 69, p. 77, p. 81, p. 83, p. 84, p. 86, p. 89, p. 92, p. 95, p. 96, p. 97, p. 100, p. 101, p. 107, p. 109, p. 113, p. 117, p. 119, p. 122, p. 123, p. 124, p. 128.
François Decaens : p. 10 bas, p. 139, p. 140, p. 141, p. 142, p. 143, p. 165, p. 166, p. 167, p. 170, p. 172, p. 174.
Hélène Duparc : p. 52, p. 190, p. 196, p. 205, p. 208, p. 212, p. 216.
Patrick Forget : p. 87, p. 118.
Hemis : Christophe Boivieux : p. 200, p. 213 ; Francis Cormon ; p. 1, p. 25, p. 150, 151, 157 ; Franck Gardel : p. 6 milieu ; Franck Guiziou : p. 114, p. 127 ; Hervé Hugues : p. 7 bas, p. 74 ; Hervé Lenain : p. 10 ht ; Francis Leroy : p. 189 ; René Mattès : p. 5 ht, p. 105, p. 182, p. 186-187 ; Camille Moirenc : p. 158 ; Éric Planchard : p. 11 milieu, p. 53 ; Bertrand Rieger : p; 61, p. 104, p. 183, p. 192 ; Richard Soberka : p. 9 bas, p. 161 ; Sylvain Sonnet : p. 4 bas, p. 91, p. 93 ; Jean-Daniel Sudres : p. 11 ht, 184.
Pauline Guerrier : p. 58, p. 62, p. 65.
Jean-François Lange : p. 26, p. 48, p. 49.
Ludovic Maisant : p. 5 milieu : © « Quartier Perret et égl. Saint-Joseph au Havre », Auguste Perret, UFSE, Saif, 2019 ; p. 9 ht : © Oscar Niemeyer, Le Volcan ©ADAGP, Paris 2019 ; p. 9 milieu : © Ateliers Jean Nouvel, p. 71 : © avec l'aimable autorisation de la ville du Havre ; p. 72, p. 73, p. 75, p. 110, p. 111, p. 112, p. 125, p. 126.
OnlyFrance : Marc Lerouge : p. 11 bas.
Adam Stambul : p. 115 bas.
Shutterstock : Pecold : p. 28, Christian Musat : p. 148, Ctatiana : p. 199, Pixavril : p. 209.

Nous adressons tous nos remerciements aux établissements suivants pour leur aide précieuse et pour nous avoir permis de reproduire leurs photographies :
© Asisi : p. 10 milieu ; © Dupont avec un thé : p. 99 ; © L'Écailleur : p. 116 ; L'Antirouille/© Marie Sacha : p. 164 ; Centre chorégraphique de Caen/© photo Agathe Poupeney/Photoscene : p. 171 ; © Chez Paulette : p. 157 ; © Club Océan : p. 135 et p. 163 ; Chez Dolly's/© Frédérique Lévêque : p. 138 ; © Pâtisserie C&Choux ; p. 173 ; La Maison/© Leo Petitpois : p. 129 ; La Pêcherie/©mm. Berthaud : p. 168 ; © La Ferme Saint-Michel : p. 210 ; Aux Petits Oignons/© clemenletousey : p. 211 ; La Rafale/© Erwann Lelong : p. 214 ; Casino de Granville/© PsYcOjm@x : p. 215.

Couverture

Plat 1, visuel principal : parasols sur la plage de Deauville © Guy/Adobe Stock ; **bas g.** : place Barthélémy à Rouen © René Mattès/hemis.fr et **bas dt** : Granville © René Mattès/hemis.fr
Plat 4 ht. : pêcheurs sur la plage d'Étretat © Francis Cormon/hemis.fr ; **bas** : terrasse sur le vieux port de Honfleur © Vincent Prevost/hemis.fr

Édition originale établie par **Hélène Duparc et Natasha Penot**.

Direction : Nathalie Bloch-Pujo
Direction éditoriale : Cécile Petiau
Édition : Marine Barbier-Blin, Camille Dupont, Émilie Lézénès, Géraldine Péron, Adam Stambul, Julie Wood
Lecture-correction : Mélanie Rébillaud
Ont également collaboré à cet ouvrage : Isabelle Guilhamon, Marie Lagrave et Émilie Prudhommeaux
Cartographie : Frédéric Clémençon et Aurélie Huot
Fabrication : Liza Sacco

Conception graphique de la couverture et de la maquette intérieure : Caroline Joubert • www.atelier-du-livre.fr
Mise en pages intérieure : Maogani

Contact presse : rmazef@hachette-livre.fr - ☎ 01 43 92 36 66
Contact publicité : vhabert@hachette-livre.fr - ☎ 01 43 92 32 52

Aussi soigneusement qu'il ait été établi, ce guide n'est pas à l'abri des changements de dernière heure, d'erreurs ou omissions. Ne manquez pas de nous faire part de vos remarques. Informez-nous aussi de vos découvertes personnelles, nous accordons la plus grande importance au courrier de nos lecteurs :
Guides Un Grand Week-end - Hachette Tourisme - 58, rue Jean-Bleuzen, 92 170 Vanves
weekend@hachette-livre.fr
Facebook @GuidesUnGrandWeekend • **Instagram** @ungrandweekend • **Twitter** @ungrandweekenda

Édité par Hachette Livre (58, rue Jean-Bleuzen, CS 70007, 92 178 Vanves Cedex)
Imprimé par Polygraf (Capajevova 44, 08199 Presov, Slovaquie)
Achevé d'imprimer : février 2019
ISBN : 978-2-01-706354-4 - 20-2828-3
Dépôt légal : février 2019 - Collection n°44 - Édition : 01